Dietrich Berger
Manfred Kienzler

# Deutsch

## Aufsatz

POCKET TEACHER



Cornelsen
SCRIPTOR

**Die Autoren:**
Dietrich Berger ist Deutschlehrer an einer Realschule und Mitverfasser von Arbeitsheften für den Deutschunterricht.
Manfred Kienzler ist seit über 20 Jahren als Fachberater für Deutsch in der Lehrerfortbildung und seit langem als Schulbuchautor tätig.

Gedruckt auf chlorfrei gebleichtem Papier
ohne Dioxinbelastung der Gewässer.

Die Deutsche Bibliothek – CIP-Einheitsaufnahme

Deutsch - Berlin: Cornelsen Scriptor
(Pocket Teacher)
Aufsatz/Dietrich Berger, Manfred Kienzler -1. Aufl. - 1997
ISBN 3-589-21093-1

Dieses Werk berücksichtigt die Regeln
der reformierten Rechtschreibung und Zeichensetzung.

| | | | | | |
|---|---|---|---|---|---|
| 5. | 4. | 3. | 2. | 1. ✓ | Die letzten Ziffern bezeichnen |
| 01 | 2000 | 99 | 98 | 97 | Zahl und Jahr des Drucks. |



Redaktion: Heike Friauf, Frankfurt am Main
Typographie: Julia Walch, Bad Soden
Umschlagentwurf: Vera Bauer, Berlin
Satz und Herstellung: Kristiane Klas, Frankfurt am Main
Druck- und Bindearbeiten: Clausen & Bosse, Leck
Printed in Germany
ISBN 3-589-21093-1
Bestellnummer 210931

# Inhalt

# Vorwort

**Liebe Schülerinnen, liebe Schüler!**

Der handliche POCKET TEACHER bringt euch viele Vorteile: Er informiert knapp und genau. Regeln, Erklärungen, Beispiele, Tabellen – alles ist übersichtlich geordnet und leicht verständlich.

„Augen auf!" – das Symbol weist euch auf Fehlerquellen und Denkfallen hin.

Ihr könnt die gewünschten Infos am schnellsten über das Stichwortverzeichnis am Ende jedes Bandes finden. – Stichwort vergessen? Dann schaut ihr am besten ins Inhaltsverzeichnis und sucht im entsprechenden Kapitel nach dem Wort.

Im Text eurer POCKET TEACHER findet ihr viele farbige Pfeile. Diese verweisen auf andere Stellen im Buch.

**Beispiel:** Kommentar ↗ Textsorten von A-Z S. 89. Das heißt, dass die Textsorte „Kommentar" im genannten Kapitel ab S. 89 genauer beschrieben wird.

Der POCKET TEACHER Deutsch: Aufsatz bietet einen Überblick über die verschiedenen Aufsatzarten, die in den Klassen 5-10 vorkommen können. Zur schnellen Orientierung werden die wichtigsten Punkte aufgeführt, die bei jeder Aufgabenstellung zu beachten sind.

**Beachte:** Natürlich kann die POCKET-TEACHER-Reihe ausführliche Schulbücher mit Übungen und Beispielen nicht ersetzen. Das soll sie auch nicht. Sie ist eure Merkhilfe-Bibliothek für alle Gelegenheiten, besonders für Hausaufgaben oder für die Vorbereitung auf Klassenarbeiten.

# Die schriftlichen Darstellungsformen

## 1 Erzählen

Das Erzählen verfolgt das Ziel, Handlungen oder Vorgänge wiederzugeben, die man erlebt oder erfahren hat.
Der Hörer bzw. die Hörerin oder der Leser bzw. die Leserin soll dieses Geschehen nachempfinden oder nachvollziehen können. Dabei geht es nicht um das Informieren, sondern um die Unterhaltung der Leser oder Hörer, um das Wecken von Erwartungen und das Erzeugen von Spannung.

**Beispiel:** Am letzten Wochenende fuhren wir zu Onkel Olaf und seiner Frau in die Berge. Wir: Das waren meine Schwester Maike, meine Eltern und ich. Die Fahrt auf der Autobahn verlief zunächst ohne Störungen, doch nach 200 Kilometern ...

Manchmal kann eine Erzählung auch als Beispiel in einer Argumentation dienen, um einen Grundgedanken oder wichtige Erkenntnisse nahe zu bringen und zu verdeutlichen (↗ Argumentieren und Erörtern S. 60).

Während das mündliche Erzählen wesentlich von der Spontaneität lebt, muss man beim schriftlichen Erzählen auf die **Gestaltungsmerkmale** wie Aufbau und Erzählmittel achten.
Der **Aufbau** (die Gliederung) muss drei Teile aufweisen: Einleitung, Hauptteil und Schluss. Folgende Überlegungen können hilfreich sein.

**1. Einleitung**
Wie ist die Ausgangssituation zu gestalten? Die Beantwortung dieser Frage ergibt die Einleitung. Hier soll das Interesse des Lesers/der Leserin geweckt werden, damit er/sie den Fortgang der Handlung gespannt erwartet.

- Die Einleitung gibt Antwort auf folgende Fragen:
  **Wann** spielt die Geschichte?
  **Beispiel:** in den Sommerferien
  **Wer** kommt in der Geschichte vor?
  **Beispiel:** zwei Jungen, ein Mädchen
  **Wo** spielt die Geschichte?
  **Beispiel:** am Meer
  **Was** passiert in der Geschichte?
- Um die **Spannung** zu erhalten, sollte man darauf achten, nicht zu lange am Anfang zu verweilen. Dem Leser/der Leserin darf man nicht zu viel verraten, nur andeuten, was noch passieren wird.

**2. Hauptteil**
Wie läuft das Geschehen ab?

- Von Beginn an sollte das **Erzählziel** (= der Höhepunkt der Erzählung) ins Auge gefasst werden.
- Der **Handlungszusammenhang** wird durch die genaue Reihenfolge der einzelnen Erzählschritte dargestellt (mindestens drei Schritte!).
- **Spannung** erreicht man durch Verzögerung der Handlung: Man informiert nicht gleich darüber, was geschehen ist; der Fortgang des Geschehens wird unterbrochen durch das Darstellen von Nebensachen oder Einzelheiten. Damit wird der Leser/die Leserin auf den Fortgang der Handlung neugierig gemacht.
- Damit sich der Leser/die Leserin in das Geschehen hineinversetzen und an der Handlung teilnehmen kann, sollte in einer anschaulichen und lebendigen **Sprache** geschrieben werden; dabei hilft die direkte Rede.
- Besonders wichtig ist der **Höhepunkt**; dieser muss hervorgehoben und anschaulich ausgestaltet sein.

**Beispiele** für einen Höhepunkt:
Die beiden Ausführungen zeigen den Unterschied zwischen nicht sehr gelungener Formulierung (1) und einem anschaulich ausgestalteten Höhepunkt (2).
(1) Schon beim ersten näheren Donnerschlag legten wir uns sofort auf den Boden. Mein Vater beruhigte mich, indem er immer wieder betonte, dass das Gewitter schnell an uns vorbeiziehen würde. Ich hatte trotzdem Angst. Und schon blitzte und donnerte es von neuem. Schon fielen auch die ersten Regentropfen. Mit dem letzten Mut der Verzweiflung machten wir uns auf und erreichten glücklich die Schutzhütte.
(2) Ein furchtbarer Donnerschlag ließ den Boden unter uns erzittern. Mehr vor Schreck als aus Überlegung ließen wir uns auf die Erde fallen und kauerten uns hinter einen Felsen. „Mein Gott“, dachte ich, „ist das mein letztes Stündlein?“ In diesem Augenblick erhellte ein greller Blitz den Berghang und nicht lange danach erdröhnte der gewaltige Donner. Mir lief es eiskalt den Rücken hinunter. Mein Vater rief mir zu: „Nur keine Angst, das Gewitter zieht dort drüben an uns vorbei.“ „Wenn es nur so wäre“, flüsterte ich ängstlich vor mich hin. Da prasselten auch schon die ersten dicken Tropfen auf uns nieder. „ Jetzt hilft auch die gebückte Haltung nichts mehr“, murrte meine Mutter, stand auf und rannte davon. Was sollten wir anderes machen? Wir mussten ihr hinterherlaufen, wir wollten sie doch nicht allein lassen. Das war unser Glück; denn schon nach der nächsten Wegbiegung sahen wir eine Schutzhütte stehen. Mir fiel ein Stein vom Herzen; wir waren gerettet.

### 3. Schluss

Der Schlussteil kann mit dem Ende der Handlung abgeschlossen, aber auch mit einer Schlussbemerkung abgerundet werden. Gelegentlich bietet es sich an, einen Ausblick auf das weitere Geschehen zu geben, eine Schlussfolgerung zu ziehen oder die Handlung mit einem offenen Schluss enden zu lassen.

Zum richtigen Erzählen gehören die entsprechenden **Erzählmittel**:

- Die richtige **Tempusform**: Erzählt wird im Allgemeinen im Präteritum; als „Vorvergangenheit" gehört das Plusquamperfekt dazu. An einzelnen spannenden Stellen, wie zum Beispiel dem Höhepunkt, kann im Präsens erzählt werden.
- Eine **Erzählperspektive** wählen: zum Beispiel erzählen aus der Sicht einer der beteiligten Personen (in der Ich-Form) oder als Außenstehender (dritte Person).
- Und nicht vergessen: Die passende **Überschrift** darf nicht fehlen. Sie soll das Interesse der Leser wecken.

**Beispiel:** „Im Schlaf überrascht"

## 1.1 Erzählen von Erlebnissen

Das Erzählen von Erlebnissen beruht auf der Darstellung eines einmaligen, glaubwürdigen, persönlichen Erlebnisses, das Schritt für Schritt vergegenwärtigt wird. Die Erzählung wird auf den Höhepunkt hingeführt. Entweder wird in der Aufgabenstellung das Thema oder der Inhalt einer Geschichte vorgegeben, die zu einer Erzählung ausgebaut werden muss.

Diese wesentlichen **Merkmale** sind zu beachten:

- Beschränkung auf **eine einzige Begebenheit**, die aber in allen Einzelheiten veranschaulicht wird.
- Genaues Festhalten von **Ort** und **Zeit** des Geschehens und der handelnden **Personen**.
- Auseinanderhalten der **Haupt- und Nebenrollen**.
- Lebensnahes, spannendes Erzählen. Ausdruck der **Gefühle**: Freude, Angst, Mut, ... Dazu Befragen der **fünf Sinn**e (Sehen, Hören, Fühlen, Riechen, Schmecken).
  Vorsicht: Nicht übertreiben, indem man z.B. alle Sinne aufführt.
- Das Erzählen wird außerdem anschaulich und lebendig durch: **direkte Rede**, Abwechslung im Gebrauch der **Verben** (nicht *tun* und *machen* verwenden!), ausdrucksstarke **Adjektive**.

Eine Geschichte gelingt dann, wenn sie schrittweise, aber mit kleinen Verzögerungen auf den Höhepunkt hin erzählt wird und der Leser/die Leserin immer mehr auf den Ausgang der Handlung gespannt ist.

**Beispiel** für eine wirkungsvolle Erzählung:
Bauplan einer Erlebniserzählung am Beispiel „Als ich einmal allein zu Hause war“

**A Einleitung**
Ausgangssituation
Wer? Wann?
Wo? Was?

**B Hauptteil**
Dreischritt –
steigende
Handlung
**Höhepunkt**

in der Nacht
Blitz, Donner, Regen
und Sturm

**C Schluss**
Lösung

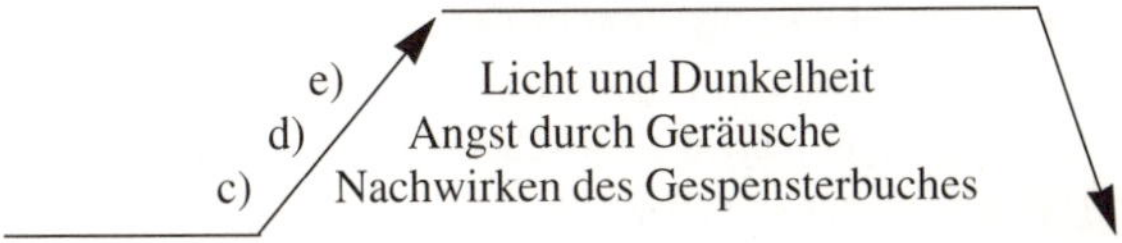


a) Allein zu Hause
b) Lesen im Gespensterbuch

Heimkehr der Eltern

## 1.2 Erzählen zu vorgegebenem Anfang

Die Einleitung ist bei dieser Aufgabenstellung vorgegeben. Die Aufgabe besteht darin, den Hauptteil und einen Schlussteil zu gestalten und der Geschichte eine Überschrift zu geben.

Dabei ist zu beachten:

- Die Geschichte soll so weitererzählt werden, dass der Hauptteil mit der vorgegebenen Einleitung eine Einheit bildet; die Fortsetzung muss also genau zum Anfang passen.
- Die Geschichte soll so weiterentwickelt werden, als habe sie sich wirklich zugetragen.
- Wie bei jeder Erlebniserzählung wird mit Hilfe der Erzählschritte auf den **Höhepunkt** hin erzählt.

→ **Beachte** auch die allgemeinen Regeln zum wirkungsvollen Erzählen (↗ S. 8-10).

## 1.3 Erzählen zu vorgegebenem Anfang und Schluss

Bei dieser Erzählform sind Anfang und Schluss bekannt. Gesucht ist der fehlende Zwischenteil.

Dabei ist vorher zu bedenken:

1. was der Leser/die Leserin schon weiß (Personen, Ort, Zeit, Thema),
2. wie sich die Geschichte weiterentwickeln kann,
3. wie die Geschichte abgeschlossen wird,
4. welcher Höhepunkt für eine spannende Erzählung geeignet ist.

**Beispiel:** So könnte die Vorgabe aussehen:
Strahlender Sonnenschein begrüßte uns nach dem Aufwachen an unserem Urlaubsort. Die Berge lockten und bei diesem Anblick schlug Vater vor: „Heute machen wir eine schöne Wanderung; das Wetter ist bestens dafür geeignet.“ Also marschierten wir gleich nach dem Frühstück los. ...
Als wir endlich wieder ins Hotel zurückgekehrt waren, freuten wir uns sehr, dass alle diesen Tag heil überstanden hatten.

## 1.4 Erzählen zu Reizwörtern

Beim Erzählen zu Reizwörtern geht es darum, die vorgegebenen Wörter in den Mittelpunkt der Geschichte zu stellen und in einen sinnvollen Zusammenhang zu bringen.

Zu beachten ist:

- Jeder Begriff darf nur mit **einer Bedeutung** verwendet werden.
- Die Erzählung soll so **aufgebaut sein**, dass eine spannende Geschichte entsteht.
- Einleitung und Schluss sollen mit dem Hauptteil eine Einheit bilden.
- **Gefühle** sollten der Situation entsprechend aufgenommen und ausführlich dargestellt sein.
- Durch die Wahl von bestimmten sprachlichen Mitteln sollte das innere Erleben deutlich erkennbar sein.
  Geeignete **sprachliche Mittel** sind zum Beispiel:
  ausdrucksstarke Adjektive

**Beispiel:** Es war eine **anstrengende** Fahrt.
Konjunktionen (Bindewörter)

**Beispiel:** **Trotzdem** hatten wir unseren Spaß.

**Beispiel:** Als Vorlage für eine spannende Geschichte könnten folgende Reizwörter dienen:
Ball – Fluss – Erkältung
Schreck – Schaffner – Fahrkarte
Jahrmarkt – Luftballon – Überraschung

## 1.5 Erzählen zu Bildern

Bilderfolgen erzählen Geschichten, deren Handlung man mit Worten wiedergeben kann. Die Einzelbilder sagen dabei nur etwas über die wichtigsten Stationen der Handlung aus; was dazwischen liegt, muss sich der Erzähler/die Erzählerin ausdenken.

Damit genau nach der Bilderfolge erzählt wird, ist folgende **Vorarbeit** wichtig:

- Genau festhalten (in Stichwörtern oder kurzen Sätzen aufschreiben), was auf jedem einzelnen Bild zu sehen ist. Dies liefert wichtige Anhaltspunkte dafür, was **vor** dem in den Bildern dargestellten Ereignis geschehen ist und was sich **zwischen** den in den Bildern dargestellten Handlungen vermutlich ereignet hat.
  Hier helfen die **W-Fragen**: **Wer** ist zu sehen? **Was** geschieht? **Wo** geschieht es? **Wie** geschieht es? **Wozu** geschieht es?
- In einigen Stichwörtern oder Sätzen sollte notiert werden, was für die Handlung wichtig ist.

**Beispiel** für eine Notiz: Auto auf der Autobahn, mit 4 Personen besetzt; Regenwolken über der Autobahn, dichter Verkehr.

Wichtig ist auch:

- Das Erzählen nach Bildern sollte möglichst so **anschaulich** sein, dass man sich die Geschichte auch ohne Bilder gut vorstellen kann.
- Es sollte vor Beginn des Erzählens festgelegt werden, aus welcher Sicht (**Erzählperspektive**) man erzählen möchte.

**Beispiele:**

1. Aus der Sicht eines Beteiligten (Ich- bzw. Wir-Form): „Als ich gerade auf einen Felsvorsprung geklettert war, fiel mir sofort in der Ferne ein Boot auf, das manövrierunfähig in den hohen Wellen hin und her geworfen wurde ..."
2. Aus der Sicht eines nicht am Geschehen Beteiligten, z.B. eines Beobachters (3. Person):

„Von einem Felsvorsprung konnte man sofort erkennen, wie ein manövrierunfähiges Boot auf den hohen Wellen hin und her geworfen wurde ...“

Beim **Aufbau** einer Geschichte nach Bildern könnte man so vorgehen:
Für die **Einleitung**: Die Fragen „wer?“, „was?“, wann?“ und „wo?“ werden beantwortet.
Für den **Hauptteil**: Das auf den Bildern dargestellte Ereignis wird in der genauen Reihenfolge wiedergegeben, die einzelnen Bilder werden in den entsprechenden Zusammenhang gebracht und der Höhepunkt wird besonders lebendig und spannend dargestellt.
Für den **Schluss**: Verschiedene Möglichkeiten bieten sich an, zum Beispiel ein Ausblick auf den möglichen Fortgang der Geschichte oder eine abschließende Betrachtung.

**Beachte:** Der Zusammenhang zwischen den einzelnen Bildern kann mit Hilfe von **Bindewörtern (Konjunktionen)** verdeutlicht werden. Dabei sind besonders die Konjunktionen, die Zeitangaben machen, hilfreich.
**Beispiele:** nun, dann, darauf, anschließend, als, bevor, nachdem, während.
**Nachdem** der Kontrolleur die Karte gesehen hatte, wurde er wieder freundlicher.

## 1.6 Fantasieerzählung

In der Fantasieerzählung sind die Erlebnisse und Begebenheiten frei erfunden. Dabei sollte man sich besonders ungewöhnliche Dinge einfallen lassen und Unmögliches so darstellen, als wäre es möglich. Was in der Fantasiewelt angesiedelt ist, sollte so dargestellt werden, als ob es Wirklichkeit wäre. Übertreibungen dürfen verwendet werden, unwahrscheinliche Dinge dürfen geschehen.

**Beachte:** Vorsicht! Das Geschehen sollte trotzdem sinnvoll und nicht unsinnig sein.

**Beispiel** für eine unsinnige Erzählung:
Plötzlich war ich ein Riese geworden. Ich nahm das Haus meiner Eltern auf den Rücken und dazu noch unser ganzes Dorf mitsamt Dorfweiher, Flüsschen, Marktplatz und Zufahrtsstraßen. Ich trug alles über einen hohen Berg in das nächste Tal. Als ich über den hohen Berg zurückschaute, konnte ich erkennen, wie Schneewittchen und die sieben Zwerge mir folgten. ...

**Beispiel** für eine sinnvolle Fantasieerzählung:
Als ich erwachte, bemerkte ich, dass meine Beine weit über die Bettkante hingen und das Bett viel zu klein geworden war. Ich versuchte mich aufzurichten und schon hatte ich meinen Kopf an der Decke angeschlagen. Jetzt erst merkte ich, wie groß ich geworden war. Ganz erschrocken schaute ich in gebückter Haltung an mir hinunter ...

Eine Fantasiegeschichte wird um so besser, je mehr man sich an die Merkmale spannenden Erzählens hält (↗ S. XX). Fantasiegeschichten können zum Beispiel als Schauer-, Lügen-, Gespenster-, Tier-, Roboter- oder Weltraumgeschichte geschrieben werden.

**Beispiel:** Eine Fantasiegeschichte könnte lauten: „Ein Stuhl rächt sich."

## 1.7 Nacherzählen von Geschichten

Beim Nacherzählen gibt man einen Erzähltext mit eigenen Worten wieder. Eine gute Nacherzählung erkennt man an folgenden Merkmalen:

- Nicht eigene Erlebnisse und Vorstellungen, sondern Inhalt und Aufbau der **Textvorlage** werden dargestellt.
- Die Handlung darf **nicht verändert** werden.
- Der **Schreibstil** kann sich je nach Adressat wandeln.

**Beispiele:** Die Nacherzählung kann sich richten an einen Freund/eine Freundin, an die Eltern oder andere Verwandte, an fremde Personen.

- **Einzelheiten** können weggelassen oder verkürzt oder auch ausgeschmückt werden; dabei dürfen aber **keine eigenen Vorstellungen hinzugedichtet** werden.
- Wichtig ist, dass man sich von der Sprache des Verfassers/der Verfasserin löst und **mit eigenen Worten** erzählt.
- Man darf nichts erfinden, aber auch **nichts Wesentliches** weglassen.
- Die **Tempusform** des Nacherzählens ist in der Regel das Präteritum, kann aber auch Präsens sein (↗ 9 Die Verwendung der Zeitformen S. 85). Wichtig dabei ist, dass man die gewählte Tempusform durchgängig einhält.

**Beachte:** Auf zwei Punkte muss unbedingt geachtet werden: auf die **richtige Reihenfolge** der Handlungsschritte, auf alle **wichtigen Personen**.

Beim Abfassen einer Nacherzählung könnte man so vorgehen:

1. Die Textvorlage muss genau gelesen werden.
2. Um den Sinn des Textes richtig zu erfassen, wird man am besten die wichtigsten Erzählschritte festhalten, indem man sich kurze Notizen macht.

## 1.8 Erzählungen verändern

Es gibt verschiedene Möglichkeiten, Erzählungen zu verändern:

a) Man gibt dem Geschehen einen anderen **Verlauf**.
b) Man erfindet einen anderen **Schluss**.
c) Man ändert den **Schreibstil**.

**Beispiele:** blumenreiche Sprache (Adjektive, Bilder, Vergleiche, Nebensätze) – wie bei der Fantasiegeschichte; nüchterne, sachliche Sprache (Substantive, Verben, Hauptsätze) – wie beim Erzählen, um zu überzeugen.

d) Man erzählt aus einer anderen **Perspektive**.

**Beispiele:** aus der Sicht eines Erwachsenen, eines Beteiligten, eines neutralen Beobachters/einer neutralen Beobachterin. Wer aus der Perspektive eines anderen erzählt, muss sich in dessen Rolle versetzen und das Geschehen aus dessen Sicht darstellen.

## 1.9 Erzählen, um zu überzeugen

Diese Art des Erzählens kann als Vorstufe zum Argumentieren (↗ S. 60) dienen. Tatsachen und Erfahrungen können durch Erzählen veranschaulicht werden. Damit kann man jemandem klarmachen, **was** und **warum** man etwas will.

**Beispiele:**
Eine Klasse diskutiert, ob sie ins Schullandheim an der Nordsee oder in die Berge fahren soll.
In diesem Fall kann eine Beispielgeschichte einer älteren Schwester, die schon einmal im Schullandheim war, die Entscheidung beeinflussen.

Jemand soll davon überzeugt werden, in Not geratenen Mitmenschen zu helfen.
Eine Beispielgeschichte, in der davon erzählt wird, wie jeder einmal in eine schwierige Situation kommen kann und dann die Hilfe anderer nötig hat, kann eine Entscheidung beeinflussen.

**Beispiel für eine gelungene Erlebniserzählung:**

**Große Aufregung beim Klassenausflug**

Gemeinsam mit meinen Schulkameraden hatte ich an einem Ausflug ins Elsass teilgenommen. Beim Abstieg von der Burg zum Parkplatz wollte ich noch rasch im Wald nach Pilzen suchen und verlor dadurch den Anschluss an die Gruppe. Als ich am Parkplatz ankam, war der Bus schon abgefahren.

Zunächst stand ich fassungslos da. Das konnte doch nicht möglich sein! Meine Freunde und vor allem unser Gruppenführer mussten gemerkt haben, dass einer fehlte. Oder sollte ausgerechnet dieses Mal das Abzählen vergessen worden sein? Aufgeregt lief ich auf dem Parkplatz hin und her, fragte diesen und jenen, aber niemand konnte mir Auskunft geben. Die einen sahen mich ratlos, die anderen mitleidig an, wieder andere schimpften: „Du bist selber schuld! Wärest du zur festgesetzten Zeit hier gewesen, so brauchtest du jetzt nicht zu überlegen, wie du nach Hause kommst.“

Ja, wie sollte ich nach Hause kommen? Meine Heimatstadt war rund 120 Kilometer entfernt. Vielleicht klappte es noch mit dem Zug, wenn ich rasch zur nächsten Ortschaft kam. Glücklich über diesen rettenden Gedanken raste ich los, doch ich hatte kaum 200 Meter zurückgelegt, da packte mich Entsetzen: Ich hatte ja nur ein paar Mark in meiner Geldbörse bei mir! Der 20-Mark-Schein, den mir Mutter noch "für alle Fälle" mitgegeben hatte, steckte in meiner kleinen Brieftasche in der Jacke und diese hatte ich bei dem heißen Wetter im Bus hängen lassen. So stand ich nun hilflos und verlassen in der Fremde und wusste mir im Augenblick nicht zu helfen.

Plötzlich durchzuckte mich ein rettender Gedanke: Wenn ich mich an die Straße stellte und versuchte per Anhalter weiterzukommen? Hastig lief ich bis zur nächsten Straßenkreuzung. Ich wusste, dass der Verkehr hier durch Ampeln geregelt wurde, denn hier hatte der Bus bei unserer Hinfahrt lange auf die grüne Ampelphase warten müssen. Das würde mir jetzt zugute kommen, da die Autos anhalten mussten und das genügte, um mein Sprüchlein aufzusagen: „Entschuldigen Sie bitte, fahren Sie über die Grenze?“

Ich hatte Glück. Es dauerte gar nicht lange, da hielt ein jüngerer Herr mit seinem Volkswagen. Mir fiel ein Stein vom Herzen, als ich hörte, dass er mich mitnehmen wollte. Ich erzählte ihm während der Fahrt von meinem Missgeschick und meinem Plan, per Anhalter nach Hause zu fahren. Der nette junge Herr fragte: „Wo wohnst du denn?“ „In Lahr“, antwortete ich. „Bis Lahr kann ich dich leider nicht bringen“, meinte er. „Ich wohne in Karlsruhe und habe dort eine dringende Verabredung, aber ich habe eine Idee. Wir fahren auf die Autobahn und ich werde dich bei der nächsten Tankstelle absetzen. Von dort nimmt dich sicher jemand mit.“ Ich hätte dem gefälligen Herrn um den Hals fallen können! Dankbar nahm ich sein Angebot an.
Nach zwei Stunden hatten wir die Tankstelle erreicht. „Nun wollen wir mal sehen, ob du noch einmal Glück hast“, meinte mein freundlicher Fahrer, „vielleicht kommt bald ein Wagen, der dich mitnimmt.“ Sogar das Fragen nahm mein „Retter“ mir ab und wieder dauerte es keine zehn Minuten, bis ein Geschäftsmann mit einem großen Mercedes sich bereit erklärte, mich mitzunehmen. Frohen Herzens stieg ich ein, verabschiedete mich durchs Fenster von dem jungen Herrn und bedankte mich für seine Mühen und seine Hilfsbereitschaft.
Den zweiten Teil meiner abwechslungsreichen Rückfahrt schafften wir schnell im 140-km-Tempo. Noch vor Einbruch der Dunkelheit waren wir in Lahr angelangt und Herr Burger, so hieß der nette Geschäftsmann, ließ sich nicht davon abbringen, mich sogar bis vor die Haustür zu fahren. Meine Eltern hatten mich schon lange erwartet, kamen gleich herbeigeeilt und bestürmten mich mit Fragen. Beinahe hätten wir in der ersten Aufregung vergessen, Herrn Burger für seine Freundlichkeit zu danken. Der aber wehrte lachend ab und erwiderte: „Aber das war doch selbstverständlich.“

## 2 Beschreiben

Das Beschreiben hat zum Ziel, Gegenstände, Räume, Wege, Versuche, Vorgänge, Personen, Pflanzen und Tiere, aber auch Bilder, Grafiken und Zeichnungen sprachlich einem anderen so zu verdeutlichen, dass dieser in der Lage ist, sich das Beschriebene bildhaft vorzustellen. Beschreibungen dienen auch dazu, bestimmte Abläufe (Versuche, Vorgänge) nach entsprechenden Handlungsanweisungen nachvollziehen zu können. Dabei ist es wichtig,

- sachlich zutreffend zu schreiben
  und bei Wege-, Versuchs- und Vorgangsbeschreibungen
- im Ablauf genau und
- in der zeitlichen Reihenfolge korrekt zu formulieren.
- Neben der Verwendung der richtigen **Begriffe** muss die Beschreibung
  einen entsprechenden **Aufbau** ( Gliederung) und
- eine **abwechslungsreiche sprachliche Ausarbeitung** haben sowie
- das Vorwissen und Erwartungen der **Leser** berücksichtigen.

Die **Zeitform** der Beschreibung ist das Präsens (↗ S. 85).

**Fehlerquellen:** Häufige Fehler bei der Beschreibung sind:

1. Falsche Zeitform – Verwende immer das Präsens!
2. Mangelnde Übersicht – Führe das zu Beschreibende vor dein inneres Auge und stelle dir genau vor, was du beschreiben willst!
3. Unklare Trennung – Überlege immer, welche Form der Beschreibung richtig ist!
4. Unzutreffende Ausdrücke – Wähle stets die korrekten Begriffe!
5. Falsche Reihenfolge - Achte genau auf den inhaltlichen Aufbau!
6. Inhaltliche Probleme – Vergesse nie, was die Beschreibung erreichen soll!
7. Fehlende Gliederung – Gliedere die Beschreibung in sinnvolle Absätze!

## 2.1 Vorgänge beschreiben

Ein Vorgang – zum Beispiel eine Arbeitsanweisung, ein Arbeitsvorgang, eine Gebrauchsanweisung, eine Spielregel – soll so beschrieben werden, dass er von den Lesern der Beschreibung ohne Probleme wiederholt werden kann.

Es ist beim **Inhalt** darauf zu achten,

- dass man auf die einzelnen **Zubehörteile** und alle notwendigen **Handgriffe** eingeht und
- dass die **Reihenfolge** der einzelnen Teilvorgänge berücksichtigt wird.
- Bei Spielanleitungen beschreibt man den Grundgedanken des Spiels, die Spielvoraussetzungen (Teilnehmerzahl, Alter, Platz- und Raumbedarf, Zubehör wie Spielfiguren u.Ä.) und den Spielverlauf nacheinander.

Der **sprachliche Ausdruck** muss

- sachlich, also ohne persönliche Anteilnahme, ohne Wertung oder Ausdruck einer Stimmung, sein.

Bei der **grammatischen Form** entscheidet man sich entweder

- für die Anredeform
  **Beispiel:** Du stellst die Spielfiguren ...; dabei ziehst du den Läufer ...
- das unpersönliche *man*
  **Beispiel:** Man legt den Kreuzbuben an die Kreuzdame an ...
- den Gebrauch des Passivs
  **Beispiel:** Die Karten werden nacheinander von oben nach unten auf den Tisch gelegt ...
  Außerdem kann verwendet werden:
- die Infinitivform des Verbs
  **Beispiel:** Durch Ziehen einer beliebigen Karte aus dem Stapel beginnt das Spiel ...

**Voraussetzungen** für eine Vorgangsbeschreibung sind

- eine gründliche Kenntnis des Vorgangs und der notwendigen Fachausdrücke,
- die lückenlose Darstellung der einzelnen Abläufe und
- die übersichtliche Gliederung des gesamten Textes.

Beispiel aus einer Arbeitsanweisung zum Backen einer Quiche Lorraine:
Für den Teig mischst du in einer Schüssel 200 g Weizenmehl, 125 g Butter, 2 Esslöffel Öl und eine Prise Salz und verknetest alles gut.
Anschließend nimmst du 2 Zwiebeln und schneidest sie mit einem Küchenmesser in dünne Scheiben. 100 g Speck schneidest du in kleine Würfel. Beides wird mit 2 Esslöffeln Butter in einer Pfanne angebraten ...

**Beispiel aus einem Aufsatz:**

**Wie man ein Aquarium reinigt**
Bevor man mit dem Reinigen des Aquariums beginnt, muss man zunächst einige Gegenstände bereitlegen, die man zu einer sachgemäßen Reinigung benötigt. Dazu gehören ein großer Wassereimer, ein etwa ein Meter langer, möglichst durchsichtiger Wasserschlauch, um Verunreinigungen gleich aufspüren zu können und zu verhindern, dass Fische mit aus dem Becken gespült werden, eine neue Schaumstofffilterpatrone, eine Flasche Wasseraufbereitungsmittel, ein Mittel zum Bekämpfen von Algen und ein Aquariumsscheibenreinigungsgerät.
Nachdem man die elektrischen Systeme des Aquariums abgeschaltet hat, lässt man das Wasser mit Hilfe des Wasserschlauches zu etwa 2/3 aus dem Aquarium ab. Dabei saugt man das Wasser mit dem Mund an und leitet es in den Wassereimer, der tiefer als das Becken stehen muss. Dieses Verfahren nennt man das System der kommunizierenden Röhren.
Anschließend reinigt man die Seitenscheiben des Aquariums mit Hilfe des Scheibenreinigers, an dem ein Filz befestigt ist, der den Algenwuchs und die Schlieren sowie noch vorhandene

Futterreste aufnimmt. Dabei muss der Filz mehrmals unter fließendem Wasser gesäubert werden. Danach nimmt man den Wasserfilter aus dem Gerät, reinigt die Filterpatrone unter sauberem Wasser oder ersetzt sie bei starker Verschmutzung durch eine neue.
Mit dem Eimer holt man dann frisches Leitungswasser, das man mit dem Wasseraufbereitungsmittel auf die für die Fische entsprechende Wasserqualität und Schadstoffneutralität bringt. Das frische Wasser leitet man mittels des inzwischen auch durchgespülten Wasserschlauches langsam in das Wasserbecken, wobei man darauf achten muss, nicht zu viel Grund und Kies aufzuwirbeln und die noch im Becken befindlichen Fische nicht zu erschrecken. Wichtig ist, dass das Wasser die für die Fische und Wasserpflanzen entsprechende Temperatur hat, damit die im Becken verbliebenen Fische keinen Schock bekommen.
Wenn man das Becken zu etwa 2/3 wieder gefüllt hat, setzt man die benötigten Hilfsmittel wie Algenverhinderer oder auch notwendige Medizin für die Fische zu. Ist das Becken ganz gefüllt, werden die elektrischen Systeme für den Umwälzfilter, den Heizstab und die Beleuchtung sowie den Sauerstoffsprudler wieder eingeschaltet.
Nach etwa einer halben Stunde ist das Wasser klar und die Fische fühlen sich wohl. Diesen Vorgang muss man je nach Verschmutzung des Wassers durch Futterreste, Fischkot und Algenbefall alle 10 bis 14 Tage wiederholen.

## 2.2 Gegenstände beschreiben

Ein Gegenstand soll so genau beschrieben werden, dass man sich ein Bild davon machen kann. Die nüchternste Form einer solchen Beschreibung könnte Teil einer Diebstahlsanzeige sein. Auch für eine Verlustanzeige benötigt man eine präzise Gegenstandsbeschreibung.

Erforderlich ist eine möglichst **detailgetreue Betrachtung** des Gegenstands. Wichtig sind **genaue Angaben** über:

- Form
  **Beispiele:** rund, eckig, quadratisch
- Größe
  **Beispiele:** in cm oder Metern
- Farbe
  **Beispiele:** blau, farblos, transparent
- Material
  **Beispiele:** Holz, Kunststoff, Pappe, Metall

**Beachte:** Bei der Beschreibung eines Gegenstandes sind bildhafte **Vergleiche** hilfreich.
**Beispiele:** erinnert an ..., lässt sich vergleichen mit ...
Die Lampe **ähnelt** einem großen, runden Damenhut. Sie besteht aus Korbgeflecht, das ...

Erklärt werden müssen auch

- der Zweck des Gegenstandes,
- die Funktion seiner Teile.

Beim **Aufbau** des Aufsatzes geht man

- vom Ganzen zu den Teilen,
- vom Auffallenden zum Unauffälligen.

Die **Sprache** muss anschaulich, einfach und genau sein.

**Beispiel** aus einem Modellbaukatalog:
Das DG 800 Hochleistungs-Segelflugmodell ist ein vorbildgetreuer Nachbau eines der modernsten Hochleistungs-Segelflugzeuge der 90er Jahre. Das Modell ist aufgrund seines Profils für lange Flüge am Hang und in der Thermik ausgelegt.
*(Zweck des Gegenstandes)*
Im Rumpf ist ein stabiles Einziehfahrwerk bereits eingebaut. Die Tragflächen sind mit Flaps, doppelstöckigen Störklappen und aufsteckbaren Winglets versehen. Die Spannweite beträgt 3000 mm, die Länge 1420 mm, das Fluggewicht ca. 2800 g.

Der Tragflächeninhalt liegt bei 45,6 $dm^2$. Die steuerbaren Funktionen sind das Höhen-, Seiten- und Querruder, die Stör- und Landeklappen sowie das Einziehfahrwerk und die Schleppkupplung.

**Beispiel aus einem Aufsatz:**

**Mein Rucksack**

Mein Rucksack hat eine bequeme rechteckige Form, ist etwa 55 cm hoch, ca. 35 cm breit und rund 15 cm tief. Er besteht aus blauem Leinenstoff und hat auf seiner Unterseite einen Kunstlederbezug, damit er gegen die Feuchtigkeit vom Boden geschützt ist. Innen ist der Rucksack mit einem wasserdichten Gewebe versehen. Am oberen Ende bildet sich nach dem Öffnen des Reißverschlusses eine Art von Deckel, der aufgeklappt werden kann. An der Vorderseite und links und rechts sind Außentaschen angebracht, die mit einem Reißverschluss versehen sind. In ihnen kann man kleinere Utensilien wie Taschenmesser, Taschenlampe, Verbandszeug, Ausweispapiere und Geldbeutel bequem unterbringen, damit man sie immer gleich griffbereit hat. Die Laschen der Reißverschlüsse sind mit Ösen versehen, durch die man ein kleines Schloss zum Abschließen führen kann.

An der Rückseite bietet ein dreieckiges Tragegestell einen guten Sitz und verhindert, dass der Rucksack zu dicht auf dem Körper ruht. Breite Trageriemen, die auf ihrer Innenseite ausgepolstert sind, tragen mit dazu bei, dass der gefüllte Rucksack nicht zu schwer empfunden wird.

Ich habe ihn auch schon zum Unterbringen meiner Schulsachen benutzt, weil in ihm oft mehr unterzubringen ist als in meiner Schultasche.

## 2.3 Räume beschreiben

Wenn man einen Raum beschreiben will, so muss man eine geeignete **Perspektive** wählen, aus der man den gesamten Raum überblicken kann.

**Beispiel:** Der Blick geht vom Flur ins Wohnzimmer.

Zunächst gliedert man den Raum, um die **einzelnen Teile** darstellen zu können.

**Beispiel:** Gegenüber der Wohnzimmertür sind die großen Balkonfenster, rechts davon steht die Schiebetür in das Esszimmer.

Mit zur Beschreibung von Räumen gehören die **Ausstattung** und der **Platz**, an dem sich entsprechende Gegenstände finden, wobei man auf die Gegenstände selbst aber nicht eingeht.

**Beispiel:** Die Stereoanlage steht auf einem Phonowagen in der linken Ecke des Wohnzimmers.

**Beispiel** aus einem Museumsführer:
Im Blumensalon befindet sich im Hintergrund ein Steinkamin, dessen Gussplatte einen Stern in der Mitte enthält; darüber sind Lilien und Wappen. An den Wänden befinden sich drei große, sehr schöne Wandbehänge mit grüner Landschaft und tausend Blumen. In dem etwa 12 mal 16 Meter großen Raum stehen zahlreiche alte Möbel, so ein Klappstuhl aus dem 16. Jahrhundert, ein Schrank aus der Sakristei der Kirche von Saint-Germain, eine mit Eisen beschlagene Renaissance-Truhe aus dem 17. Jahrhundert, eine gotische Bank aus geschnitztem Nussbaum, eine Stuhltruhe, deren Lehnen auf zwei kleinen Säulen ruhen, und eine Anrichte, deren Vorderseite aus Teilen, die aus dem 15. Jahrhundert stammen, zusammengefügt ist. Die unterbrochenen Fenster zeigen in den Innenhof des Schlosses; die große Eichentür führt in das Spielzimmer, die kleinere in das Privatgemach des Herzogs.

## 2.4 Wege beschreiben

Bei einer Wegbeschreibung ist es wichtig, dass man

- die Richtungen,
- die geschätzte Entfernung von einem Punkt zum anderen,
- die Straßen und Plätze und
- die baulichen Besonderheiten genau bezeichnet.

Dazu gehört die richtige **Wortwahl** bei

- **Präpositionen** wie *neben*, *über*, *um*, *entlang*, *bis zu*, *in*, *hinter*, *zwischen* usw.

**Beispiele:** **Neben** dem Kaufhaus führt ein kleiner Weg rechts zur Hauptstraße.
**Über** die große Kreuzung gelangt man zum Hauptstädter Tor.
Man geht den Kanalweg **entlang bis** hin **zur** kleinen Brücke.

- **Verben** wie *überqueren*, *einbiegen*, *entlanggehen*
  **Beispiel:** Man **geht** an der barocken Kirche **vorbei.**
- **Numeralien (Zahlwörter)** wie *nächste*, *dritte*, *einhundert*
  **Beispiel:** An der **zweiten** Ampel müssen Sie links einbiegen.

**Beispiel** für eine Wegbeschreibung:
Wenn du aus dem Bahnhof kommst, stehst du direkt an der großen Kreuzung zwischen der Alten Bahnhofstraße und der Tiergartenstraße. Du schlägst den Weg nach links ein und gehst bis zur nächsten Ecke. Von dort führt die Lotzbeckstraße rechts bis zum Rathausplatz. Ihn lässt du rechter Hand liegen und nimmst den Weg durch die Marktstraße bis zu dem Punkt, wo die Kirchstraße kreuzt.

## 2.5 Bilder beschreiben

Bei der Bildbeschreibung werden der Inhalt und der Aufbau des Bildes genauso **sachlich** beschrieben, wie dies bei der Gegenstandsbeschreibung geschieht (↗ S. 24).
Wichtig ist, dass man bei der Bildbeschreibung nicht das Bild auf sich wirken lässt, um dann eine Bildbetrachtung anzufertigen, bei der man seine persönlichen Eindrücke wiedergibt oder gar versucht, die Aussage des Bildes zu deuten. Dies sollte allenfalls im Schlussteil ausgedrückt werden, mit dem man die Bildbeschreibung abrundet.

In der **Einleitung** notiert man die dem Bild nicht direkt zu entnehmenden Hinweise auf

- Maler/Malerin oder Fotograf/Fotografin,
- Art des Bildes (Aquarell, Ölgemälde, Foto oder anderes),
- Thema (Sujet) des Bildes,
- Entstehungszeit/Epoche.

**Beispiel** für eine Einleitung: Das Gemälde „Bildnis der Eltern" von Otto Dix aus dem Jahre 1921 stellt ein Porträt seiner Eltern dar.

Der **Aufbau des Bildes** wird beschrieben, indem man Folgendes beachtet:

- Vorder- und Hintergrund,
- Perspektive des Betrachters.

**Beispiele** für einen Bildvordergrund: Einrahmungen, Geländer, herabhängende Zweige eines Baumes.

**Beispiele** für einen Bildhintergrund: Berge, Himmel, Zimmerwände.

Zum **Inhalt des Bildes** gehören

- Figuren und Gegenstände,
- dargestellte Handlung,
- Farben,
- Formen,
- Licht und Schatten.

**Beispiel** aus einem Aufsatz:
Das Bild zeigt einen Mann, dessen geschlossene, übergroße und breite Augen nur durch wenige Striche gekennzeichnet sind. Ebenso gehen wenige Linien in eine schmale Nase und einen krampfhaft geschlossenen Mund mit breiten Lippen über. Auf der Oberlippe und am Kinn sprießt ein dünner Bartflaum. Der Haaransatz ist nur angedeutet. Auffallend ist, dass der Kopf keine Ohren hat. Er sitzt auf einem nur mit wenigen Strichen angedeuteten Hals ...

## 2.6 Versuche beschreiben

Mit der Versuchsbeschreibung sollen

- die Abfolge der einzelnen Arbeitsschritte und
- die Beziehung zwischen den einzelnen Vorgängen des Versuchs beschrieben werden.

Dabei ist insbesondere auf

- die Versuchsanordnung,
- die Versuchsbedingungen,
- die notwendigen Gerätschaften (Werkzeuge, Instrumente usw.) und
- die benötigten Materialien (Flüssigkeiten o.a.) zu achten.

Während man am **Anfang**

- den Zweck / das beabsichtigte Ergebnis darstellt,

sollen am **Schluss**

- die Auswertung mit dem Versuchsergebnis und
- eine Schlussfolgerung stehen.

**Beispiel** aus einem Physikbuch:
Häufig brennt heute die Sicherung infolge der Überlastung des Stromkreises durch. Wir können uns dies an einem Versuch klarmachen *(Ziel des Versuchs)*:
Strommesser, Stanniolsicherung und eine Glühlampe mit 100 Watt *(Gerätschaften)* werden in einem Stromkreis zusammengeschaltet. Dann schließen wir parallel zur ersten Lampe eine

zweite und schließlich eine dritte Lampe an. Dabei beobachten wir die Anzeige des Strommessers. Anschließend schalten wir noch eine Kochplatte dazu. Dabei steigt die Stromstärke noch weiter an. Schließlich wird der Stanniolstreifen so stark erwärmt, dass er durchschmilzt und den Stromkreis unterbricht.
Obgleich kein Kurzschluss vorlag *(Auswertung)*, schmolz die Sicherung wegen der Überlastung des Stromkreises durch.

## 2.7 Tiere beschreiben

Die Beschreibung von Lebewesen, seien es Personen (↗ 2.8 S. 32) oder Tiere, erfolgt nach den gleichen Kriterien.

Zunächst geht man

vom **Gesamteindruck** der äußeren Erscheinung aus.

- Dann wird beim Tier besonderes Augenmerk auf die einzelnen sichtbaren **Körperteile** gelegt:
- Kopf,
- Körperbau,
- Extremitäten,
- Haut bzw. Fell oder Federn.

Soweit bekannt, können auch angegeben werden:

- die Fortbewegungsart,
- die Nahrungsaufnahme,
- der Lebensraum und
- andere Merkmale.

Auch hier kommt es auf

- die Genauigkeit und
- die begriffliche Korrektheit an.

**Beachte:** Es gilt darauf zu achten, dass man eine „Vermenschlichung“ des Tieres vermeidet (wie zum Beispiel durch Ausdrücke wie *süß*, *abschreckend hässlich*, *boshaft*).

**Beispiel aus einem Aufsatz:**

**Das Eichhörnchen**

Das Eichhörnchen ist etwa 20 bis 25 cm groß, hat einen fast körperlangen, buschig behaarten Schwanz und eine sehr variable Fellfärbung von fuchsrot, gelblich- oder graubraun bis fast schwarz. Mit seinen großen Augen, die außerordentlich scharfsichtig sind und deren Netzhaut ein besonders hohes Auflösungsvermögen hat, kann es Feinde schon von weitem erkennen. Die Ohren sind im Winter mit langen Haarbüscheln versehen und erinnern an Mäuse. Mit den Vorderpfoten hält es die Nahrung. *(Körperliche Merkmale)*

Es kommt in ganz Europa vor und lebt in Laub-, Misch- und Nadelwäldern. Es ist ein tagaktives Tier und baut in den Astgabelungen von Bäumen kunstvolle Nester aus Reisig. Es bezieht auch Baumhöhlen und hin und wieder Krähennester. In der Paarungszeit liefern sich Männchen und Weibchen wilde Verfolgungsjagden. Im Winter schränkt es seine Aktivitäten stark ein und bleibt oft tagelang in seinem Nest. Es ernährt sich von Baumsamen, Nüssen, Beeren, Pilzen, aber auch von Insekten und Vogeleiern. Mit ein bis zwei Würfen und jeweils 2 bis 5 Jungen haben die Eichhörnchen nicht viel Nachwuchs. *(Lebensgewohnheiten und andere Merkmale)*

## 2.8 Personen beschreiben und charakterisieren

Menschen kann man nicht nur nach ihrem Äußeren (zum Beispiel bei Suchanzeigen), sondern auch nach ihren Charaktereigenschaften, Gewohnheiten, Steckenpferden usw. beschreiben. Die zweite Art der Beschreibung nennt man auch Charakterisierung. Wichtig dabei ist, dass man die zu beschreibende Person nicht in ihrer Würde verletzt oder mit Vorurteilen belastet.

Auch bei der Personenbeschreibung geht man

- vom Gesamteindruck und
- vom äußeren Erscheinungsbild aus.

Man hält eine geordnete Reihenfolge ein und

- beginnt beim Kopf und
- endet bei den Füßen (bei der rein sachlichen Beschreibung),
- beschreibt von „außen" nach „innen" (wenn man von äußeren Merkmalen auf erkennbare charakterliche Eigenschaften schließen kann – Sprache, Mimik, Gestik, Temperament –) und
- würdigt abschließend die Gesamtpersönlichkeit des Beschriebenen (Kleidungsstil, Temperament, Ausdrucksweise ...).

Die Literatur weist viele Beispiele auf:
Wolfgang Borchert (Schischyphusch oder der Kellner meines Onkels)
Gebrüder Grimm (Kinder- und Hausmärchen-Figuren)
Thomas Mann (Die Buddenbrooks)
Stefan Zweig (Joseph Fouché)

**Beispiel aus einem Aufsatz:**

**Mein Vater**

Mein Vater ist ein sehr lustiger, verantwortungsbewusster und kluger Mensch. Er ist ca. 1,80 m groß, vierundvierzig Jahre alt, schmal und untergewichtig. Während seiner beruflichen Tätigkeit trägt er meistens Anzug und Krawatte, in seiner Freizeit bevorzugt er Jeans und Sweatshirts bzw. Pullover. Seine Lieblingsfarben sind blau und braun. Eine seiner Hände hat er manchmal leger in der Hosentasche; oft jedoch nimmt er sie zum Unterstützen seiner sprachlichen Aussagen. Während er am Telefon sich um einen sehr hochdeutschen Ausdruck bemüht, spricht er sonst gern den Dialekt seiner südbadischen Heimat.
In seinem mittelgroßen Gesicht fällt ein Oberlippenbart auf. Seine Nase ist lang, die dunkelbraunen Augen schauen zumeist nachdenklich, manchmal auch etwas spitzbübisch durch seine rot umrandete Brille. Inzwischen ist sein Haarwuchs spärlich, was man an seiner Stirnglatze deutlich erkennen kann, und die grauen Haare verändern zusehends sein Äuße-

res. Wenn er zum Friseur geht, lässt er sich die Haare ganz kurz schneiden, dann aber wachsen sie wieder viele Wochen, denn er geht nicht gerne irgendwohin, wo er warten oder untätig herumsitzen muss.
Mein Vater ist oft im Stress, denn er arbeitet gerne und bestimmt zu viel, aber das gehört zu seinem Charakter. Zu Hause ist er sehr still und zurückhaltend; doch wenn ihm etwas missfällt, kann er schnell wütend werden und sagt dann ganz deutlich seine Meinung. Er ist immer sehr hilfsbereit und gütig; doch manchmal sorgt er sich etwas zu viel um uns Kinder. In Gesellschaft lacht er viel und oft; manchmal kommen Leute mit seiner Art von Humor aber nicht zurecht, denn er spielt sehr gerne mit Worten und sagt offen, was er über die Dinge denkt.
Manchmal wirkt er sehr streng und stellt große Anforderungen. Er sagt aber immer, dass er nur das von anderen verlange und erwarte, was er auch zu tun bereit sei. Abends und am Wochenende ist er gerne zu Hause; er mag keine Termine, die ihm den Abend stören oder gar am Samstag und Sonntag liegen; am Sonntagvormittag darf man ihn allerdings nicht ansprechen, denn da zieht er sich in sein Arbeitszimmer zurück. In seiner Freizeit geht er gerne zum Kegeln und Wandern; hin und wieder spielt er auch mit seiner Modelleisenbahn oder frönt seiner Sammelleidenschaft mit Modellautos, Briefmarken, Büchern.
Durch seine hilfsbereite Art hat er viele gute Freunde, mit denen er sich gern trifft. Er kann gut zuhören und gibt dann Ratschläge, wie man Probleme einer vernünftigen Lösung zuführt. Streit und laute Worte lehnt er ab; die Meinung anderer respektiert er und er hat auch ein offenes Ohr für die Sorgen seiner Kinder und Freunde.

# 3 Textbeschreibung

## 3.1 Inhaltsangabe

Den Inhalt eines Textes, aber auch eines Hörspiels, eines Filmes, eines Theaterstückes kann man in knapper Weise wiedergeben. Dabei muss man darauf achten, dass aus der Inhaltsangabe keine Nacherzählung (↗ S. 17) wird. Ein wichtiger Anhaltspunkt hierzu ist die **Zeitform** des Präsens, da die Inhaltsangabe einen Text vergegenwärtigen will. Die Inhaltsangabe hält sich auch nicht an den Ablauf des Originaltextes, vermeidet die direkte Rede und stellt wenn möglich einen Ursache-Folge-Zusammenhang her.
Sie beschränkt sich auf das Wesentliche und kann bei der Darstellung von Personen, Ereignissen, zeitlichen, örtlichen und räumlichen Gegebenheiten **möglichst kurz** sein.
Bei der Inhaltsangabe ist jede persönliche Bewertung oder Auslegung zu vermeiden.

Die Inhaltsangabe eines Textes muss in der **Einleitung** enthalten:

- den Titel,
- die Textsorte,
- den Autor/die Autorin,
- die Entstehungszeit, soweit bekannt,
- Hinweise auf die wichtigsten handelnden Personen,
- das Thema,
- den Ort und
- die Zeit des Geschehens.

**Beispiele** für gelungene Einleitungen:
In der Sage „Der Trojanische Krieg" geht es um zwei Brüder namens Jasion und Dardanos, die in einer nicht näher bezeichneten Zeit der Vergangenheit auf der Insel Samothrake leben.

In dem Märchen „Prinz Krebs" geht es um einen Fischer, der eine Frau und drei Kinder hat. Er fängt eines Tages einen goldenen Krebs.

Im **Hauptteil** geht es um

- den Abriss der Handlung und
- die Beteiligung der einzelnen Figuren.

Der **Schluss** kann, wenn das in der Aufgabenstellung gefordert wird, eine Stellungnahme beinhalten wie z.B. „Am eindrucksvollsten ist die Schilderung des herandonnernden Zuges, der die Abgeschiedenheit des Bahnwärterhäuschens durchbricht und ...“ (↗ 3.2 S. 37)

**Beispiel aus einem Aufsatz:**
In der Tagebuchskizze „Der andorranische Jude“ will Max Frisch die gefährliche Kraft von Vorurteilen bewusst machen. Er beschreibt das Leben eines jungen Menschen, den seine Mitmenschen verachten, weil sie ihn für einen Juden halten, und deshalb schließlich zu Tode bringen.
Nach Meinung der Menschen in Andorra denkt ein Jude nur an Geld; ihm fehlt das Gemüt, der Takt, das Vertrauen, dafür besitzt er einen scharfen Verstand und nutzt die Gunst der Stunde. Diese Vorurteile gelten auch einem jungen Mann in Andorra, der als Jude angesehen wird. Obwohl er den Wunsch hat, wie die anderen zu sein, gelingt es ihm nicht, gegen die Vorstellungen der Menschen anzukämpfen.
Es gibt allerdings auch Andorraner, die vorgeben, ihn gerade wegen seiner jüdischen Eigenschaften zu tolerieren. Und als der junge Mann grausam sterben muss, verurteilen sie dies und empören sich über seinen Tod, begreifen aber nicht, dass auch sie sich ein bestimmtes Bild von dem jungen Mann gemacht haben.
Als sich später herausstellt, dass der angebliche Jude einer von ihnen, also ein Andorraner gewesen ist, schweigen sie ihre Schuld tot. Nur wenn sie in den Spiegel schauen, ergreift sie Entsetzen.

**Fehlerquellen:** Häufige Fehler bei der Abfassung einer Inhaltsangabe sind:

1. Der Ursprungstext wird in seiner Aussage nicht erfasst oder falsch gedeutet.
2. Unwesentliches wird zu stark herausgearbeitet.
3. Wesentliches wird vernachlässigt.
4. Der Originaltext wird nur mit eigenen Worten umschrieben bzw. der Inhalt wird nacherzählt (↗ S. 17).

## 3.2 Inhaltsangabe mit Stellungnahme

Die Inhaltsangabe mit Stellungnahme oder auch erweiterte Inhaltsangabe hat zum Ziel, den wiedergegebenen Text in seiner Aussage zu bewerten. Daher schließt sie mit einer begründeten Stellungnahme ab.
Die Bewertung geht über die Beschreibung hinaus und ergänzt den Text um Überlegungen zum Sinn der Geschichte. Dabei stehen

- die Beweggründe und Ziele der Hauptfiguren,
- ihre Eigenschaften und ihr Verhalten zueinander im ergänzenden Teil.

Die Stellungnahme beinhaltet

- eine Wertung zum Text,
- vielleicht auch einen Übergang hin zu der Frage, wie man sich selbst zur angesprochenen Problematik bzw. Aussage des Ursprungstextes verhalten würde.

Bei entsprechenden Aufgabenstellungen ist genau darauf zu achten, was in den Aufgaben gefordert wird.

**Beispiel:** Gib den Text kurz wieder und nimm zu der zentralen Aussage des Textes Stellung! – Bei dieser Beispielaufgabe muß sorgfältig die zentrale Aussage des Textes herausgearbeitet werden; erst dann ist eine angemessene Stellungnahme möglich.

## 3.3 Prosatexte beschreiben

Auch Texte lassen sich beschreiben; die Beschreibung geht über die Inhaltsangabe hinaus. Vor der Abfassung einer Textbeschreibung ist ein aufmerksames Lesen des Textes notwendig. Nur wenn man einen Text verstanden hat und die Überschrift mit dem Inhalt in Verbindung bringen kann, ist eine Beschreibung möglich.
Beim Abfassen muss man darauf achten, dass man in der **Einleitung**

- die Überschrift,
- die Textsorte und
- den Verfasser/die Verfasserin nennt.

**Beispiel:** In der Tagebuchnotiz „Der andorranische Jude" von Max Frisch geht es um die gefährliche Wirkung des Vorurteils.

Der **Inhalt** wird unter Berücksichtigung der **W-Fragen** kurz zusammengefasst:

- **Wer** spielt in dem Text eine Rolle?
- **Was** ereignet sich?
- **Wann** passiert etwas?
- **Wo** geschehen die wichtigsten Ereignisse?
- **Wie** kommt es zu den Ereignissen?
- **Warum** entwickelt sich das Geschehen so?

Wichtig ist, dass man

- die äußere und innere Gliederung des Textes erkennt,
- herausarbeitet, wie der Verfasser/die Verfasserin die Ausgangssituation darstellt,
- den Höhepunkt oder Wendepunkt des Geschehens festhält,
- auf die Lösung bzw. den Schluss eingeht.

Neben der inhaltlichen Aufarbeitung müssen auch die **sprachlichen Mittel** beschrieben werden:

- Satzbau (Hauptsätze, Nebensätze [Gliedsätze], Satzreihen und Satzgefüge)
- Wortbildung (Ableitungen wie *droht – bedroht*, Verdopplungen wie *jaja, soso*, Kürzungen wie *Ring* statt *Fingerring*, fachsprachliche Übernahmen wie *Fraktur* aus der Medizin)
- Sinnfiguren (z.B. Chiasmus [kreuzweise Stellung] wie „Groß war der Einsatz, der Gewinn klein", Parenthese [Einschub] wie „Herr von Brandau strich sich seinen Schnurrbart, wie mir schien, amüsiert")
- Wortfiguren (z.B. Anapher: Wiederholung eines Wortes am Beginn verschiedener Sätze)
- Wortwahl (z.B. viele umgangssprachliche Wendungen)
- Zeitformen (z.B. häufiger Wechsel zwischen Präsens und Präteritum)

Eigene Aussagen zum Text werden mit **Zitaten** (↗ S. 44) aus dem Original belegt.
Abschließend bezieht man Stellung zum Text und beschreibt die **Wirkung**, die der Text auf die Leser hat.

**Beispiel:** Der Text beeindruckt mich sehr, weil er aufzeigt, wie sehr Vorurteile die Beziehungen zwischen den Menschen prägen und bis hin zur physischen Vernichtung führen können.

## 3.4 Sachtexte beschreiben

Sachtexte finden sich sowohl in Fachbüchern wie in Zeitungen und Zeitschriften. Sie befassen sich mit aktuellen Problemen, geschichtlichen Fragen, gesellschaftlichen Ereignissen, handeln von Naturphänomenen, politischen Entwicklungen oder wirtschaftlichen Zusammenhängen und anderem mehr.

Das Vorgehen beim Beschreiben solcher Texte ist der Prosatextbeschreibung (↗ S. 38) ähnlich. Auch hier werden **Inhalt** und Gedankengang kurz zusammengefasst.

Hinzu kommt in der **Einleitung** neben

- der Textsorte,
- der Überschrift und
- dem Verfasser/der Verfasserin
- die **Zielsetzung** des Textes bzw. die vermutete Absicht des Autors/der Autorin.

Man muss dazu die so genannten **Schlüsselwörter und -sätze** (Begriffe oder Formulierungen, die immer wieder in dem Text vorkommen, um die es immer wieder geht ) erkennen, um die Gedankenführung und die beabsichtigte Wirkung auf die Leser nachvollziehen zu können.

Ein wichtiger Punkt der Sachtextbeschreibung ist die Darstellung der **sprachlichen Mittel**, weil sie die Mitteilungsziele besonders deutlich machen. **Mitteilungsziele** können sein: Information (z.B. im Bericht über Wahlergebnisse, bei einem Produkttest), Aufforderung (z.B. in einem Wahlaufruf, in der Werbung), Verschleierung der Tatsachen (z.B. in einer Wahlkampfrede).
Untersucht werden können:

- Wortwahl, Wortartwahl
- Verwendung von Bildern bzw. bildhaften Vergleichen (Metaphern)
- Satzbau (z.B. Schachtelsätze)

**Beispiel** für Schachtelsätze: Wenn wir glauben, dass morgen das Wetter besser wird, und wir damit rechnen können, dass alle unsere Freunde Zeit haben, werden wir, sofern wir dazu auch noch Lust haben, ein schönes Gartenfest feiern.

- bewusster Einsatz der Zeichensetzung (z.B. Gedankenstriche, Doppelpunkte)

**Beispiel** für Zeichensetzung: Viele unserer Freunde – besonders die aus dem benachbarten Ort – haben vor einiger Zeit festgestellt, dass wir in nächster Zeit viel zu feiern haben: Geburtstage, eine silberne Hochzeit, ein Tauffest, eine Examensfeier.

- Verwendung von klischeehaften Formulierungen
- Sprache (z.B. ironisierend, polemisierend)

Eigene Aussagen zum Text werden mit **Zitaten** (↗ S. 44) aus dem Original belegt.
Auch hier wird, wie bei der Beschreibung von Prosatexten (↗ S. 38), abschließend die **Wirkung** auf die Leser beschrieben.

## 3.5 Gedichte beschreiben

Im Wesentlichen kann man bei der Gedichtbeschreibung wie bei der Prosatextbeschreibung (↗ S. 38) vorgehen. Bei Gedichten allerdings muss man zusätzlich häufiger „zwischen den Zeilen" lesen, weil der Verfasser/die Verfasserin bewusst die Form der Lyrik für seine/ihre Aussage gewählt hat.
Deshalb muss man auch die eigenen Aussagen zum Text mit **Zitaten** (↗ S. 44) belegen können, sonst ist für den Leser/die Leserin einer Gedichtbeschreibung die Deutung nur schwer nachvollziehbar.

Einen breiten Raum nimmt bei der Gedichtbeschreibung die **Untersuchung der lyrischen Darstellungsmittel** ein:

- Ist das Gedicht in freien Versen geschrieben?
- Sind die Verse in Strophen zu Sinneinheiten geordnet?
- Hat das Gedicht einen rhythmischen Charakter (Wechsel von betonten und unbetonten, kurzen und langen Silben, erkennbare Pausen im Text)
- Kann man eine Melodie in den Versen und Strophen erkennen?
- Lassen sich Beziehungen zwischen Klang, Reim und Inhalt des Gedichts aufzeigen?
- Durch welche Ausdrucksweise ist die Sprache bestimmt (eher bildreich, mit Metaphern, Vergleichen, oder eher gefühlvoll, mit vielen Adjektiven, die Emotionen ausdrücken, o.a.)?
- Wie wirkt das Gedicht auf den Leser?

**Beispiel aus einem Aufsatz:**

Das Gedicht „Und was bekam des Soldaten Weib?" hat Bertolt Brecht während des 2. Weltkriegs 1942 geschrieben. Wenn man das Gedicht zum ersten Mal liest, fällt besonders der Aufbau auf. Der erste Vers jeder Strophe ist gleich lautend mit der Überschrift des Gedichtes: „Und was bekam des Soldaten Weib?" In der zweiten Verszeile wird jeweils der Name der Stadt genannt, aus der das „Weib" etwas bekam. Nur in der letzten Strophe spricht Brecht von einem ganzen Land: Russland. In allen anderen Strophen steht der Name einer bedeutenden Stadt für das ganze Land. In dem dritten Vers erfährt man, was die Ehefrau bekam, in dem vierten wird das noch einmal wiederholt und mit einem Zusatz versehen, zum Beispiel „Hoffentlich gefällt's" oder „Ach, das zu besitzen". Das Geschenk ist jedes Mal typisch für den Herkunftsort: Schuhe aus Prag, Leinen aus Warschau, ein Pelz aus Oslo, Spitzen aus Brüssel, ein Kleid aus Paris ... Im letzten Vers wiederholt Brecht noch einmal den Ort, aus dem das Geschenk kam.

Alle Strophen haben fünf Verse. An den Versenden finden sich keine Reime, sondern es werden Wörter wiederholt, die bereits am Versende standen. Nur jeweils im dritten Vers gibt es einen (Binnen)Reim: „dazu – Stöckelschuh", „fremd – Hemd", „gefällt's – Pelz", „gut – Hut" usw. Durch die vielen Wiederholungen und durch den gleichmäßigen Bau der Strophen klingt das Gedicht beim ersten Lesen banal, aber sehr eindringlich.

Die aufgezählten Städte deuten den Verlauf des 2. Weltkrieges chronologisch in der richtigen Reihenfolge an. Brecht beginnt in der 1. Strophe mit Prag, dessen Besetzung im März 1939 ein Auslöser für den Krieg war. Warschau steht für den Polenfeldzug im September 1939. Der nächste Feldzug ging nach Norwegen, das im April 1940 besetzt wurde (dafür steht Oslo). Den Verlauf des Westfeldzuges verdeutlicht Brecht durch drei Städte: Rotterdam und Brüssel, die im Mai 1940 eingenommen wurden, und Paris, das im Juni 1940 fiel. Tripolis erinnert an die Kämpfe in Nordafrika im Februar 1941. Russland ist der letzte Kriegsschauplatz, den der Autor nennt.

Die Schlacht von Stalingrad deutete sich wohl an, als Brecht das Gedicht schrieb.
In den ersten sieben Strophen des Gedichts schildert Brecht die großen Erfolge Deutschlands im Krieg. Der Soldat schickt nach jedem Feldzug ein „Souvenir“ an seine Frau. Erst die letzte Strophe fällt aus dem Rahmen. Eigentlich fängt sie ganz harmlos an. Die Frage „Und was bekam des Soldaten Weib ...“ wird zum achten Mal wiederholt, das ist eigentlich langweilig. Man merkt zuerst gar nicht das Schockierende. Das Weib bekommt kein schönes Geschenk mehr, sondern einen „Witwenschleier“. Im „weiten Russland“ ist der Soldat gefallen! Das ist eine starke Schlusspointe eines sehr eindrucksvollen Gedichts!
Brecht ließ sich nicht von den Anfangserfolgen der Deutschen blenden, sondern sah das schreckliche Ende des Krieges voraus.

## 3.6 Texte vergleichen

Zwei oder mehrere Texte werden in ihrer Aussage und Wirkung miteinander verglichen. Dabei geht man für jeden Text zunächst getrennt nach den Kriterien der Prosa-, Sachtext- bzw. Gedichtbeschreibung vor und stellt abschließend die Unterschiedlichkeiten und Gemeinsamkeiten der zu vergleichenden Texte dar.
Zum Beispiel können verglichen werden

bei den Prosatexten: Briefe oder Tagebuchaufzeichnungen,
bei den Sachtexten: Zeitungskommentare zu bestimmten Ereignissen oder Wahlaussagen,
bei den Gedichten: gleiche oder ähnliche Motive (Thema *Frühling* oder Thema *Brunnen*).

## 3.7 Stichworte zur Textanalyse

Bei der Analyse von Texten können folgende Gesichtspunkte von Nutzen sein:

- Analyse des Textaufbaus (Hilfe: Gliedern in Abschnitte und Finden von passenden Überschriften für die einzelnen Abschnitte)
- Klärung von unbekannten bzw. schwer verständlichen Begriffen durch Umschreibung mit eigenen Worten
- Analyse der sprachlichen Mittel (indem man die wichtigsten sprachlichen Mittel nennt und einige Beispiele zitiert) und Erläuterung von Funktion und Wirkung dieser Mittel
- Bestimmen der Textart mit Hilfe von Gattungsmerkmalen (z.B. Bericht, Kommentar, Glosse, Gedicht, Aphorismus; ↗ Textsorten von A-Z S. 89)
- Erkennen der Absicht des Autors/der Autorin durch Verbindung des Inhalts mit den sprachlichen Mitteln

## 3.8 Hinweise zum Zitieren

Wird eine Stelle aus dem Originaltext als Beispiel oder Beleg für eine Aussage genommen, so muss das Zitat der Vorlage bis ins Kleinste entsprechen. Eigene Korrekturen oder Ergänzungen im Zitat müssen deutlich kenntlich gemacht werden, z.B. durch Klammern.
Mit einem Zitat übernimmt man einen Satz, den Teil eines Satzes oder nur ein Wort aus der Textvorlage in den eigenen Aufsatz.

Dabei ist wichtig:

- Der Wortlaut des **Zitats** muss ganz genau mit der **Textvorlage übereinstimmen**. Man darf den Wortlaut auch nicht in Kleinigkeiten verändern. Jede Wortendung muss übereinstimmen.
- Vor dem Zitat stehen „**Anführungzeichen** unten", am Zitatende stehen „Anführungszeichen oben".
- Wenn man nur einen Teil des Satzes zitiert, zeigt man das mit den **drei Punkten** an: ... Die drei Punkte bedeuten: Hier fehlt etwas.

**Beispiel:** Hauke stand und sah ihn an, der Vogel hing an seiner Hand und der Kater blieb mit erhobener Tatze stehen.
Zitat:„ ... der Vogel hing an seiner Hand und der Kater blieb mit erhobener Tatze stehen.“ Zeile 44-46

In Aufsätzen werden Zitate am häufigsten verwendet, um die **Richtigkeit einer Behauptung** zu beweisen.

**Beispiele:**
Behauptung: Der Kater reißt tiefe Wunden in Haukes Arm.
Beweis durch Zitat:“... zugleich schlug eine scharfe Kralle ihm ins Fleisch“
Eine andere Behauptung: ... und würgt den Kater, bis dieser schließlich erstickt.
Beweis durch Zitat: „Plötzlich fielen die Hinterbeine der großen Katze schlaff herunter ...“

## 4 Berichten

Der Bericht ist eine der wichtigsten Darstellungsarten, in der über einmalige oder besondere Tagesereignisse, Veranstaltungen, Handlungen sowohl mündlich wie schriftlich informiert wird. Das eigene, gefühlsmäßige Erleben tritt hinter die rein sachliche Darstellung zurück; der Hörer/die Hörerin oder der Leser/die Leserin soll einen Sachverhalt genau erfahren, sich etwas erklären lassen oder auch belehrt werden. Im Bericht wird weder unterhalten wie in der Erlebniserzählung noch ein Eindruck vermittelt, wie dies im Stimmungsbild oder der Situationsschilderung der Fall ist. Äußerungen von Beteiligten werden in der indirekten Rede (↗ S. 87) wiedergegeben.

Die **Zeitform** des Berichts ist das Präteritum (auch Imperfekt genannt; ↗ S. 85).

Man unterscheidet **vier Arten des Berichts**:

a) den Tatsachenbericht, bei dem zum Beispiel über Unfälle, Katastrophen, Sportereignisse berichtet wird;
b) den Handlungsbericht, dem ein konkretes Geschehen zu Grunde liegt und bei dem Meinungen und Äußerungen von Beteiligten mit aufgenommen werden;
c) den Zitatenbericht, bei dem über Reden, Diskussionen und Aussprachen berichtet wird und wesentliche Zitate Teil des Berichts sind;
d) den Zeitungsbericht, der im ersten Abschnitt, dem so genannten *Lead*, das Wichtigste zusammenfasst und im weiteren Verlauf über die Einzelheiten und Hintergründe in sachlicher und objektiver Form berichtet.

**Fehlerquelle:** Häufige Fehler beim Berichten entstehen durch die Vermischung mit der Darstellungsform des Erzählens oder Beschreibens; dann werden beispielsweise gefühlsmäßige Äußerungen nicht unterdrückt oder aber anstelle der einmaligen Handlung steht die Beschreibung eines jederzeit wiederholbaren Vorgangs.

Wichtig beim Berichten ist die Einhaltung der genauen **Reihenfolge**.

**Fehlerquellen:** Dies sind häufige Fehler beim Berichten:

1. Falsche Zeitform – Berichte immer im Präteritum!
2. Unklarer Stil – Achte auf eine sachliche, nicht emotionale Ausdrucksweise!
3. Fehlende Genauigkeit – Denke an die zu berücksichtigenden W-Fragen!
4. Falsche Reihenfolge – Halte dich an den zeitlichen Ablauf des zu Berichtenden!
5. Sprachliche Unklarheit – Bleibe sachlich genau und vermeide falsche Aussagen!

## 4.1 Berichten über einmalige oder besondere Ereignisse

Eine typische Form des Berichts ist der Zeitungsbericht. Er informiert zum Beispiel über einen Unfall, eine Naturkatastrophe oder ein Sportereignis.
Allen Formen des Berichts liegen die W-Fragen zu Grunde:

- **Was** geschah?
- **Wann** geschah es?
- **Wo** passierte es?
- **Wer** war beteiligt, wer war davon betroffen?
- **Wie** hat es sich ereignet?
- **Warum** ist es dazu gekommen?
- **Welche Folgen** hatte es?

Es ist unbedingt notwendig, sich genau

- an das tatsächliche Geschehen zu halten und
- die zeitliche Abfolge nicht durcheinander zu bringen.

Eigene Meinungen darf der Verfasser/die Verfasserin eines Berichts nicht formulieren, doch es können die Meinungen anderer wiedergegeben werden. Dazu verwendet man direkte Rede (↗ Hinweise zum Zitieren S. 44) oder indirekte Rede (↗ Der Konjunktiv in der indirekten Rede S. 87).

**Beispiel** für einen Unfallbericht:
In der Nacht zum Sonntag *(Wann?)* kam es auf der Kreuzung Fichte- und Kantstraße *(Wo?)* zu einem Verkehrsunfall *(Was?)*, bei dem drei Menschen *(Wer?)* zum Teil schwer verletzt wurden. Der Fahrer eines der beteiligten Kraftfahrzeuge beachtete die Vorfahrtsregelung nicht und fuhr mit überhöhter Geschwindigkeit in den Kreuzungsbereich *(Warum?)*. Der Fahrer des anderen Fahrzeuges konnte nicht mehr rechtzeitig bremsen, sodass beide Fahrzeuge zusammenstießen. Die beiden Fahrer erlitten Rippenbrüche und Verletzungen am Knie; der Beifahrer in dem Fahrzeug des Unfallverursachers musste mit einer Brustbeinfraktur ins Krankenhaus gebracht werden *(Welche Folgen?)*.

**Beispiel** für einen Katastrophenbericht:
Aufgrund der starken Regenfälle *(Warum kam es dazu?)* der letzten Woche kam es im Blanzatal *(Wo?)* zu einem Erdrutsch *(Wie hat es sich ereignet?)*, der das unterhalb des Antoniofelsens liegende Dorf Marietta *(Wo?)* unter sich begrub. Die Einwohner *(Wer?)* wurden im Schlaf überrascht und hatten wenig Möglichkeiten, sich in Sicherheit zu bringen. Die alarmierten Rettungskräfte arbeiteten seit Dienstagnacht *(Wann?)* mit allen ihnen zur Verfügung stehenden Mitteln, um noch Überlebende zu bergen. Die Zahl der Todesopfer belief sich auf 28, die Zahl der zum Teil lebensgefährlich Verletzten lag bei 135. Beobachter gingen davon aus, dass der jahrelange Raubbau an den Wäldern des Blanzatales den Wassermassen keine Möglichkeiten zu einem natürlich geordneten Ablauf ließ, sodass das Wasser den kürzesten und hindernisärmsten Weg nahm – und der führte über den Felsen direkt in das kleine 300-Seelen-Dorf. Die Wassermassen nahmen auf ihrem Weg die lockere Erde und das Geröll mit und verschütteten *(Welche Folgen?)* so die rund 70 Häuser und die wenigen Gassen von Marietta.

**Beispiel** für einen Sportbericht:
Bei der Oberligabegegnung zwischen dem VfR Wittenbach und dem TuS Meißenzell am Samstagnachmittag gab es eine große Torausbeute. Die Platzherren hatte bereits nach zwei Minuten den ersten Treffer erzielt, der durch den Stürmer Mark Schneider im Alleingang unhaltbar für den Torwart von Meißenzell herbeigeführt wurde. Schon sieben Minuten später musste Hans Appelt wieder hinter sich ins Netz greifen, denn Mark Schneider nutzte einen Abwehrfehler geschickt aus. Kurz vor der Halbzeit gelang ihm der dritte Treffer nach einem Foulelfmeter. In der zweiten Halbzeit kam Meißenzell durch eine Kombination von Peter Ruhrer und Volker Adler zum Anschlusstreffer. Der Torwart von Wittenbach wurde aber nur einmal gefordert, denn die Wittenbacher bestimmten das Spiel bis zum Schluss. Den vierten Treffer setzte Willy Holzer über den rechten Flügel und einen Weitschuss aus gut 25 Metern. Mit dem Tor Nummer fünf verabschiedeten sich die Platzherren von ihren Gästen in der 90. Minute. Wieder durch eine Unachtsamkeit in der Abwehr konnte Willy Holzer das Endergebnis von 5:1 sichern.

## 4.2 Interview

Das Interview (der Begriff kommt aus dem englischen Sprachgebrauch und steht für Befragung bzw. Gespräch) ist mit dem Bericht verwandt, gehört eigentlich aber nicht zu den Aufsatzformen. Es dient dazu, Informationen zu einem bekannten Sachverhalt zu erhalten. Daher sollten sowohl das Thema wie auch die Fragestellung genau überlegt sein.
Ein Interview kann mit Hilfe eines vorbereiteten Fragebogens geführt werden. Häufig wird jedoch ohne vorformulierte Fragen interviewt. Der Interviewer/die Interviewerin sollte dann nicht nur den roten Faden behalten, sondern auch in der Lage sein, die Antworten den Fragen richtig zuzuordnen.

Es gibt verschiedene Typen von Fragen:

- Alternativ- bzw. Auswahlfragen (bei der Antwort muss man sich für eine von zwei angebotenen Möglichkeiten entscheiden)
**Beispiel:** Waren Sie schon einmal in Paris, ja oder nein?
- Erkundungsfragen (hier sind ausführliche Antworten möglich)
**Beispiel:** Wie haben Sie Ihren Aufenthalt in Paris gestaltet, was haben Sie unternommen?
- Meinungsfragen (Fragen nach der persönlichen Ansicht)
**Beispiel:** Wie hat Ihnen Paris gefallen?
- (Fragen nach objektiver Information)
**Beispiel:** Gab es während Ihres Aufenthalts einen Streik im öffentlichen Nahverkehr?

Die Fragetechnik sollte aus

- sinnvoll aufeinander aufbauenden **Schritten** beruhen und
- die **Objektivität** nicht aus den Augen verlieren.

In der **Einleitung** des Berichts über das Interview soll den Hörern bzw. den Lesern mitgeteilt werden,

- mit wem,
- wann,
- wo und
- aus welchem Anlass das Gespräch geführt wurde.

Der Dialog wird in der **wörtlichen Rede** wiedergegeben.

Beispiele für Interviews findet man in zahlreichen Zeitungen und Zeitschriften sowie in Hörfunk und Fernsehsendungen. Nicht immer allerdings erfüllt ein Interview die Kriterien des Berichts; insbesondere dann nicht, wenn der Interviewer/die Interviewerin voreingenommen ist.

## 4.3 Nachricht

Die Nachricht informiert objektiv über ein aktuelles Geschehen, das von allgemeinem Interesse ist.
Eine Nachricht ist die kürzeste Form der Zeitungsmeldung. Sie beantwortet W-Fragen. Auf Hintergrundinformationen wird in der Regel verzichtet.
Die Nachricht verwendet die indirekte Rede (↗ S. 87).

Eine Nachricht ist in ihrem **Aufbau** dreigeteilt:

- Zunächst wird kurz der Höhepunkt dargestellt;
- daran schließt sich die Information über die näheren Umstände an;
- abgeschlossen wird die Nachricht mit den wesentlichen Einzelheiten.

Die Informationen werden also nicht in der genauen zeitlichen Abfolge gegeben, sondern man **geht vom Wichtigsten zum weniger Wichtigen**.
Die Nachricht sollte über 20 bis 30 Zeilen nicht hinausgehen.

**Beispiel** aus einer Tageszeitung:
Beim Auszug hat ein Mieter eine über zwei Meter lange Giftschlange zurückgelassen *(Höhepunkt)*. Der Hauseigentümer hatte in der leeren Wohnung ein Terrarium mitsamt der Schlange entdeckt. Auf einem Zettel stand, dass das hochgiftige Tier in zwei Wochen abgeholt werde *(nähere Umstände)*. Der Hausbesitzer rief die Polizei, die das Reptil als ägyptische Uräus-Kobra identifizierte und umgehend bei einem Züchter unterbrachte.

## 4.4 Referat

Mit dem Referat wird mündlich bzw. schriftlich über einen bestimmten Sachverhalt informiert, wobei eine sorgfältige und gründliche Vorbereitung unabdingbar ist.
Es behandelt ein **klar abgegrenztes Thema**. So kann zum Beispiel während einer Deutschstunde über eine gemeinsam gesehene Theateraufführung in Form eines Referats berichtet werden, indem man das Stück hinsichtlich

- seines Autors/seiner Autorin,
- des Entstehungshintergrundes,
- seiner Bedeutung für die heutige Zeit

den Zuhörern noch einmal vor Augen führt. Da man sich an ein bestimmtes Ereignis hält und dabei sachliche Gesichtspunkte vorträgt, erfüllt man die Voraussetzungen an den Bericht.

Zu den Schwierigkeiten des Referats gehören die **Materialbeschaffung** und die **sinnvolle Organisation dieses Materials**. Dabei ist aus einer Vielzahl von themenbezogenen Informationen (wie zum Beispiel Sachbüchern, Zeitschriftenaufsätzen, Zeitungsartikeln, aber auch Rundfunk- und Fernsehsendungen) das herauszufiltern, was man für die eigene sachliche Darstellung benötigt.
Auch beim Referat muss eine klare **Gliederung** in **Einleitung** (Hinführung zum Thema), **Hauptteil** (Schwerpunkt des Referats) und **Schluss** (Welche Perspektiven, Schlussfolgerungen, Ergebnisse lassen sich festhalten?) die Grundlage sein.
Bei der Aufbereitung des Inhalts ist die **Zielgruppe** (Wem wird das Referat vorgetragen?) zu berücksichtigen, damit weder eine Unter- noch Überforderung der Zuhörer oder Leser stattfindet.

**Beispiel** für eine Einleitung zu einem Referat:
Täglich kann man in den Zeitungen lesen, dass sich viele Menschen in Bürgerinitiativen für den Schutz und den Erhalt der Natur einsetzen. Dabei geht es ihnen um die Lebensqualität und die Zukunft der jungen Generation.
Viele Faktoren können zur Umweltbelastung beitragen ...

## 4.5 Tätigkeitsbericht

Nicht nur in Vereinen hört man bei den Mitgliederversammlungen Tätigkeitsberichte; auch in der Schule werden solche Berichte erstellt, wenn es z.B. darum geht, über die Arbeit in einer Arbeitsgemeinschaft einen Abschlussbericht zu verfassen oder bei einer Schülerversammlung über die Arbeit der SMV zu berichten. Tätigkeitsberichte sollen auch dazu dienen, andere für dieses Tun zu interessieren und eventuell zur Mitarbeit zu gewinnen.

Wichtig beim Tätigkeitsbericht ist,

- die **wesentlichen Gesichtspunkte** von den unwichtigen zu unterscheiden und
- nur das auszuformulieren, was **während** der Tätigkeit prägend bzw. für Außenstehende besonders interessant sein könnte.

Ein Tätigkeitsbericht wird

- **chronologisch** erstellt, d.h. man richtet sich nach dem zeitlichen Ablauf dessen, was in dem Berichtszeitraum getan worden ist.

Dabei werden neben dem jeweiligen Datum

- das jeweilige Ereignis,
- die Beteiligten und
- das Ergebnis mitgeteilt.

**Fehlerquelle:** Bei dieser Berichtsform muss man auch darauf achten, dass man nicht ins Erzählen gerät oder sich über Randerscheinungen äußert, die für das allgemeine Interesse nicht von Belang sind.

**Beispiel für einen Tätigkeitsbericht:**

**Bericht des Schulsprechers über das 1. Schulhalbjahr**
Im 1. Schulhalbjahr hat die SMV mit den Klassensprechern der Klassen 5 bis 7 den Unterstufenball und die Veranstaltungen zu den Fastnachtstagen vorbereitet. Dabei waren vor allem Hans Berner, Friederike Schöpps und Petra Mußler, die Klassensprecher der drei Unterstufenklassen, besonders aktiv. Sie besprachen mit dem Vertrauenslehrer, Herrn Mölder, die Termine, die Räumlichkeiten und die Aufsichtsfrage. Außerdem stellten sie das Programm vor, für dessen Durchführung die Mitwirkung einiger Lehrkräfte notwendig war. Der Unterstufenball fand dann am 22. Oktober statt und war ein voller Erfolg. Es gab für die SMV-Kasse einen kleinen Überschuss, mit dem wir einen weiteren Betrag für die Beschaffung einer neuen SMV-Stereoanlage erhalten haben.
Der diesjährige Fastnachtsball wurde gleich nach den Weihnachtsferien in Angriff genommen, weil wir in diesem Jahr die Mitwirkung unserer örtlichen Fastnachtsvereine erreichen wollten. Hier waren neben den drei schon genannten Klassensprechern vor allem Jürgen Himmelsbach, Melanie Löffler und Anne Katrin Bergner mit dabei, weil sie als Mitglieder in der Eulenzunft und den Brembacher Hexen ihre Vereinsvorstände für die schulische Veranstaltung gewinnen konnten. Nach der Befreiung der Schülerinnen und Schüler durch die beiden Vereine wurde dann im Schulhaus bis in den späten Nachmittag gefeiert. Dank der Mithilfe der Lehrkräfte lief der Tag ohne negative Vorkommnisse und Schäden ab, was uns sicherlich eine Wiederholung im nächsten Jahr ermöglichen wird.
Über die Arbeit der Schülerzeitung wird im Anschluss an meine Ausführung Rudolf Lechtner berichten; es sei nur schon gesagt, dass wir wieder vier Ausgaben zusammenstellen konnten, deren Gewinn in die SMV-Kasse fließen konnte. Ein Problem stellte im ersten Halbjahr der neue Getränkeautomat dar, weil viele Schülerinnen und Schüler immer noch die Pappbecher anstelle der bereitgestellten Kunststoffmehrwegbecher benutzen. Auch wenn die Pappbecher bequemer

sind, stellen sie doch eine große Abfallmenge dar und liegen oft im Schulhaus und im Schulgelände herum. Hier sollten wir alle besser aufpassen und umweltbewusster sein, damit nicht von Seiten der Schulleitung der Getränkeautomat wieder abgebaut wird.
Die Zusammenarbeit zwischen der SMV und der Schulleitung sowie den Lehrkräften war überwiegend positiv; kleinere Meinungsverschiedenheiten konnten dank der Mitwirkung von Herrn Mölder geklärt werden.

## 5 Schildern

Schildern heißt **persönliche Eindrücke und Vorstellungen** anschaulich darstellen.
Zunächst ist es wichtig, dass man Wahrnehmungen über die **Sinne** (Sehen, Hören, Riechen, Tasten, Schmecken) ganz genau und bewusst aufgenommen hat. Diese Eindrücke werden dann so dargestellt, dass sich beim Leser/der Leserin eine anschauliche Vorstellung ergibt. Das ist die wichtigste Grundlage für das Schildern. Ohne die Darstellung von Sinneseindrücken, von persönlichen Einschätzungen und Bewertungen kann kein anschauliches Bild entstehen.
Zur Gestaltung der Eindrücke verwendet man einen besonderen **Sprachstil**. Die Ereignisse müssen bildkräftig wiedergegeben werden. Dieser Stil wird geprägt von der Verwendung anschaulich machender **Adjektive**, handlungsorientierter **Verben**, **Vergleiche** und **Metaphern**. Erst durch die gestaltete Sprache wird eine Schilderung anschaulich.

Beispiele für verschiedene Sprachstile:
Schon von weitem dringt das Knistern der lodernden Flammen an unser Ohr und ein heftiger Windstoß treibt den Gestank der verbrannten Erde in unsere Nasen. Beängstigend nahe erblicken wir den hellen Lichtschein, der uns fast blendet. Feuer, überall Feuer! Die Bäume des nahen Waldes stehen wie lodernde Fackeln in der Natur.
→ Erlebnisstil

Zum Vergleich:
Ein gewaltiger Flächenbrand zerstörte viele Hektar fruchtbaren Ackerlandes und große Waldflächen.
→ Sachstil

**Gliederung:** Eine Schilderung kann verschieden aufgebaut sein:

a) vom Gesamteindruck zu den Einzelheiten oder umgekehrt,
b) von einer Einzelheit zum Gesamtbild und zurück zu Einzelheiten,

c) im Wechsel zwischen stärkeren und schwächeren Auffälligkeiten,
d) nach der zeitlichen Reihenfolge.

Bei dieser Darstellungsform ist die **Zeitform Präsens** angebracht, weil die zu gestaltende Situation vergegenwärtigt werden soll.

## 5.1 Reportage

Während sich ein Berichtender/eine Berichtende (↗ 4 Berichten S. 46) außerhalb von Raum und Zeit befindet, steht der Reporter/die Reporterin an einem **bestimmten Ort** und beobachtet zu einem **bestimmten Zeitpunkt**.
Eine Reportage ist das Ergebnis von vielen einzelnen **Beobachtungen**.
Reporter stehen mitten im Geschehen und erleben dieses direkt mit. Eine Reportage lebt von der **inneren Beteiligung** des Verfassers/der Verfasserin, deshalb ist sie eine ganz persönliche Form der Mitteilung.

Die **stilistischen Mittel** spielen eine herausragende Rolle (↗ S. 56).

Wichtige **Merkmale** der Reportage sind:

1. an der Sache orientierte Darstellung wie beim Bericht,
2. Wiedergabe des persönlichen Eindrucks und eigene Stellungnahme,
3. Beteiligung der Hörer oder Leser am Geschehen durch

- Zeitform Präsens,
- Verwendung von direkter Rede, Ausrufe- und Fragesätzen,
- Wiedergabe des Geschehens in der Reihenfolge der Wahrnehmung.

Wirkungsvolle **Bestandteile** einer Reportage können das Stimmungsbild (↗ 5.2 S. 58) und die Situationsschilderung (↗ 5.3 S. 59) sein.

**Beispiel** für den Beginn eine Reportage:
Ich stehe hier am Rathaus inmitten von Tausenden von Einheimischen und auswärtigen Besuchern, die dicht gedrängt den historischen Umzug erwarten. Unter ihnen sehe ich auch den Bürgermeister, Gemeinderatsmitglieder und viele geladene Gäste. Selbst kalte Füße, klamme Finger und rot gefrorene Ohren können der allgemeinen Begeisterung keinen Abbruch tun. „Hört ihr die Fanfaren und Trommeln? Der Zug kommt!“, ruft neben mir ein kleiner Junge zu seinen Eltern. Ein Raunen geht durch die Menge, alle rücken plötzlich auseinander. In den Budenstraßen ist schnell eine schmale Gasse geschaffen. Jetzt sehe auch ich den Umzug. An der Spitze ...

## 5.2 Stimmungsbild

Das Stimmungsbild ist eine besondere Art des Schilderns. Es gibt eine **augenblickliche Situation** in einem Bild wieder, in dem mit sprachlichen Mitteln Gefühle und Empfindungen gestaltet sind. Es ist daher eine mit Worten „gemalte“ Darstellung der Eindrücke und Empfindungen.
Adjektive und Verben sind die geeigneten Stilmittel. Künstliche oder übertriebene Stimmung darf nicht erzeugt werden.

Das Stimmungsbild könnte so aufgebaut sein:

1. Totale (Gesamtsituation)
2. Großaufnahme (immer noch das Ganze im Blick, aber etwas näher)
3. Gruppenbild
4. Einzelbild

Dies ist nur eine mögliche **Reihenfolge**. Ein Wechsel in der Reihenfolge der einzelnen Bereiche bringt Abwechslung und macht das Stimmungsbild lebendig. Im Übrigen gelten allgemein die Merkmale des Schilderns (↗ S. 56).

## 5.3 Situationsschilderung

Für die Situationsschilderung gelten dieselben Grundlagen wie beim Stimmungsbild (↗ 5.2 S. 58). Im Stimmungsbild werden Gefühle, Eindrücke und Empfindungen in einer bestimmten Situation wiedergegeben. In der Situationsschilderung steht das Geschehen, der Ablauf einer Handlung, im Vordergrund.

**Beispiel:** Das Thema „Spielende Kinder am Flussufer" ist geeignet für eine Situationsschilderung.
Zum Vergleich: Das Thema „Abenddämmerung am Flussufer" ist geeignet für ein Stimmungsbild.

Für die **Ausführung** ist wichtig, dass sich der Verfasser/die Verfasserin in die Situation hineinversetzen kann. Dadurch wirkt die Gestaltung echt und wird die Leser überzeugen. Auch bei dieser Darstellungsform gelten die Merkmale des Schilderns (↗ S. 56).
Beide, Stimmungsbild und Situationsschilderung, können wirkungsvolle Bestandteile einer **Reportage** (↗ S. 57) sein.

**Beispiel** für eine Situationsschilderung:
Schon von weitem sind die Blechbläser zu hören, die den festlichen Umzug anführen. Die vielen Menschen, die um mich herumstehen, warten mit neugierigen Blicken auf das Erscheinen der Umzugsspitze. Einige schauen gespannt zum Himmel; man sieht ihnen an, dass ihnen die herannahenden Wolken Sorgen bereiten ...

# 6 Argumentieren und Erörtern

Beim **Argumentieren** versucht man, anderen die eigene Meinung oder eine Forderung verständlich zu machen. Die einzelnen Gesichtspunkte werden miteinander verglichen und gegeneinander abgewogen, bevor man zu einer Entscheidung kommt. Die Entscheidung muss begründet sein.
Beim **Erörtern** setzt man sich mit Sachverhalten oder Problemen auseinander. Gedankengänge werden entwickelt, verschiedene Gesichtspunkte werden aufgestellt und durch Argumente und Beispiele begründet.
Erörtert werden können: Sachfragen, Problemfragen, Begriffe oder Texte.

## 6.1 These – Argument – Beispiel

**Thesen** sind wichtige Bestandteile einer Argumentation. Eine These kann als **Behauptung** oder als **Aufforderung** formuliert sein.

**Beispiel** für eine Behauptung: Rauchen ist schädlich.
**Beispiel** für eine Aufforderung: Rauchen sollte in öffentlichen Gebäuden verboten werden.

Eine These ist eine Ausgangsbehauptung, die dann mit **Argumenten** und **Beispielen** glaubhaft gemacht werden kann. Deshalb sollte eine Aussage so formuliert sein, dass sie auch anerkannt wird. Je einsichtiger eine These ist, desto weniger muss sie begründet werden.

**Argumente** sind Äußerungen, mit denen man eine These begründet. Da Gründe meist subjektiv sind, kommt es darauf an, Argumente so zu gestalten, dass sie als allgemein gültig anerkannt werden oder für andere nachprüfbar sind.

Argumente können aus verschiedenen Bereichen entnommen werden:

a) Aussagen aus dem eigenen Erfahrungsbereich,
b) Tatsachen, die allgemein anerkannt sind,

c) Äußerungen von bekannten und anerkannten Persönlichkeiten,
d) Ergebnisse aus Wissenschaft und Technik,
e) bekannte Ereignisse.

**Beispiele** dienen dazu, eine These zu stützen.
Beispiele können verschiedener Art sein:

a) aus dem eigenen Erfahrungsbereich,
b) Fakten und Zahlen,
c) Belege aus allgemeiner Information.

**Beispiel** für eine These mit Begründung:
**These:** „Sonnenbaden ist gefährlich."
**Argument**, mit dem die These begründet werden soll: „Durch die Schädigung der Ozonschicht haben die ultravioletten Strahlen eine besonders starke Wirkung auf die Haut."
**Beispiel**, das die These stützen soll: „Meine Tante sonnte sich oft und lange. Jetzt ist sie an Hautkrebs erkrankt."

## 6.2 Argumentationskette

Um die Begründung einer These zu verstärken und zu vertiefen, kann man Argumente auch zu einer Kette aneinander reihen.
Dabei ist die **sprachliche Verbindung** der einzelnen Argumente besonders wichtig.

Mögliche Überleitungen von einem Argument zum anderen sind:

Ein weiterer Grund ...
Ein besonders wichtiger Punkt ist ...
Deshalb ...
Denn ...
Dadurch, dass ...
Wenn wir aber dies ..., sollten wir auch ...
Nicht nur in diesem Bereich ..., sondern auch ...
Daher ist es wichtig, dass ...

## 6.3 Erörtern von Sachfragen

Beim Erörtern von Sachfragen sollten **alle wesentlichen Gesichtspunkte** angeführt sein. Deshalb muss die Frage gründlich durchdacht werden. Sowohl persönliche Erfahrungen als auch allgemein gültige Erkenntnisse dürfen nicht fehlen.

Es bietet sich folgende **Vorgehensweise** an:

1. Frage durchdenken, Gesichtspunkte sammeln, Entscheidungsmöglichkeiten klären

→ **Beachte:** Sinnvoll ist es, den Sachverhalt in der **Einleitung** darzustellen.

2. die wesentlichen Gesichtspunkte in eine sinnvolle **Reihenfolge** bringen

✕ **Beispiel** für eine Stoffsammlung:
**Thema der Erörterung:** „Welche Möglichkeiten des Energiesparens gibt es im privaten und im öffentlichen Bereich?“

**Mögliche Gesichtspunkte:**

Privater Bereich

1. Haushalt (elektrische Geräte)
2. Heizung (Thermostat, Kachelofen)
3. Hausbau (Isolierung, Abdichtung, Sonnenkollektoren)
4. Auto (Inspektion, Wartung; Fahrweise; Fahrgemeinschaften; Überprüfen der Notwendigkeit der Fahrt; Individualverkehr – öffentliche Verkehrsmittel)

Öffentlicher Bereich (Gemeinde, Staat, Wirtschaft)

1. Heizung in öffentlichen Gebäuden
2. Ausbau des öffentlichen Nahverkehrs
3. Bau von Kraftstoff sparenden Motoren

Indirekte Maßnahmen:

1. Beeinflussung des Kraftstoffverbrauchs durch Preispolitik
2. Gesetze und Verordnungen
3. Subventionen, Steuererleichterungen bei Investitionen in energiesparende Technologie

5. Förderung von Forschungs- und Versuchsprojekten, z.B. zur Entwicklung von Alternativmöglichkeiten
6. Verbraucheraufklärung

## 6.4 Erörtern von Problemfragen

Themen, in denen ein Problem angesprochen ist, verlangen ein Bekenntnis unserer persönlichen **Meinung**. Man muss sich entscheiden und nicht nur Sachkenntnis beweisen, sondern bewerten und beurteilen. Bei dieser Art des Erörterns kommt es darauf an, dass man das Für und Wider darstellt. Daraus ergibt sich die Grundordnung der Stoffsammlung nach **These** (Behauptung) und **Antithese** (Gegenbehauptung). In der abschließenden **Synthese** fasst man zusammen, wägt ab und kommt zu einer begründeten persönlichen **Stellungnahme**.

→ **Beachte:** Meist gibt es verschiedene Möglichkeiten, sich zu entscheiden, und nicht die eine „richtige“ Meinung. Es kommt vor allem darauf an, dass die eigene Entscheidung gut begründet wird.

Die **Einleitung** soll das Interesse des Lesers/der Leserin wecken und zum Thema hinführen. Dies ist auf unterschiedliche Weise zu erreichen:

a) durch Hinweis auf einen aktuellen Anlass (Nachricht, Zeitungsnotiz, u.a.)
b) durch Beschreibung eines persönlichen Erlebnisses,
c) durch ein geschichtliches Beispiel,
d) durch Klärung des Begriffs.

Diesem Einleitungsgedanken folgt eine kurz gefasste **Überleitung**, in welcher die Formulierung des Themas entweder wörtlich oder in etwas abgeänderter Form aufgegriffen wird.

Für den **Hauptteil** einer Erörterung von Problemfragen bieten sich zwei **Gliederungsformen** an:

a) Das Für (These) und Wider (Antithese) wird jeweils zusammenhängend in einem Block angeordnet. Die persönliche Stellungnahme (Synthese) muss in einem abschließenden eigenen Abschnitt erfolgen.
b) Die Argumente für These und Antithese folgen in direktem Wechsel; einem Argument wird unmittelbar das entsprechende Gegenargument entgegengestellt. Ebenso geschieht es mit der persönlichen Stellungnahme; sie wird sofort zu jedem Gesichtspunkt abgegeben.

**Beachte:** Die zweite Gliederungsform ist etwas schwieriger als die erste. Man muss sorgfältig formulieren, damit immer deutlich wird, ob man die eigene Meinung oder die Gegenmeinung darstellt.

Der **Schluss** rundet den Gedankengang ab. Dies kann erfolgen:
a) durch knappes Zusammenfassen des Ergebnisses,
b) durch einen Ausblick auf die Zukunft,
c) durch das Aufstellen einer Forderung, das Formulieren eines Appells,
d) durch das Verweisen auf ein ähnliches Problem.
Sinnvoll ist es auch, auf den Einleitungsgedanken zurückzugreifen.

**Beispiel** für eine Stoffsammlung:
**Thema der Erörterung:** Ein Schüler schrieb in einem Aufsatz: „Materielle Gesichtspunkte sind für mich bei der Berufswahl unwichtig."
Erkläre und begründe die Meinung des Schülers und nimm anschließend dazu Stellung.

**A Einleitung:** Erläutern, was mit „materiellen Gesichtspunkten" gemeint ist (z.B.: Kosten für die Ausbildung, Verdienst)

**B Hauptteil:** Begründung der Meinung des Schülers und Gegenmeinung

1. Begründung
1.1 Beruf kommt von Berufung – ideeller Wert steht über dem materiellen Gewinn
1.2 Eindeutige Interessen und Begabungen wichtig
1.3 Erstklassige Leistungen auf einem speziellen Gebiet möglich, wenn man sich wirklich dafür interessiert
1.4 Das neuzeitliche Problem, überhaupt einen Beruf zu finden, der einen das ganze Leben lang materiell absichert
2. Gegenmeinung
2.1 Geld gehört zur Bewältigung der Lebenssituation
2.2 Nur wenige Schüler haben deutliche Neigungen und Begabungen
2.3 Nicht viele Schüler/innen erbringen – wie Mozart – erstklassige Leistungen auf einem speziellen Gebiet
2.4 Am Anfang ist der Einstieg in einen Beruf wichtig; erst später erfolgt eine Weiterbildung oder auch eine Umschulung

**C Schluss:** Abwägen der Gesichtspunkte oder Ausblick

## 6.5 Erörtern von Begriffen

Die Verständigung über sachliche Fragen verlangt klare und eindeutige Begriffe. Begriffe spielen in vielen Bereichen der Kommunikation eine Rolle: im Beruf, in der Technik, im täglichen Sprachgebrauch.
Manchmal ist es erforderlich, Begriffe verständlich zu machen und zu erläutern. Dazu bieten sich folgende Möglichkeiten an:
a) Den Begriff etymologisch erklären (das heißt: Herkunft und Geschichte des Wortes erklären); als Hilfsmittel verwendet man Wörterbücher und etymologische Lexika.
b) Den Begriff in einen Zusammenhang stellen mit sinnverwandten Wörtern (Synonyme: Apfelsine – Orange, Pampelmuse – Grapefruit, Fernsprecher – Telefon – Handy, Geldbörse – Geldbeutel ) oder mit entgegengesetzten Wörtern und Wortbedeutungen (Antonyme: Berg – Tal, Pech – Glück, Liebe – Hass).

c) Den Begriff aus dem Kontext (Zusammenhang) erschließen.
d) Vergleichen mit ähnlichen Begriffen, indem man Beispiele anführt.

**Beispiel:**
**Thema:** „Was bedeutet Demokratie?"
**Etymologisch:** aus dem Griechischen; = Volksherrschaft
**Definition** aus „Der große Brockhaus" 1953: Demokratie, eine Form des politischen Lebens: Durch Abstimmung werden Mehrheitsentscheidungen erzielt, die als Entscheidung der Gesamtheit gelten.
Demokratie ist ein unbestimmter, vieldeutiger Begriff geworden. Widerstreitende, ja einander ausschließende Ideologien beanspruchen, dass sie allein den demokratischen Kerngedanken verkörpern; manche politische Gruppe verficht als die „wahre Demokratie" das, was ihr zur Macht und zur Dauerherrschaft verhelfen könnte.
... demokratisch ist eine Gesellschaft, innerhalb deren alle Glieder gleich und frei sind, in der kein Glied von der Teilnahme an der Lenkung der gemeinsamen Geschichte ausgeschlossen ist und in der jedes Glied die Entscheidungen der Mehrheit, die durch eine fair durchgeführte Abstimmung gebildet sein muss, innerhalb bestimmter Grenzen anerkennt.

Demokratie heißt:

1) Bürger/innen nehmen demokratische Grundrechte wahr (Versammlungsrecht, Recht auf freie Meinungsäußerung, Demonstrationsrecht u.a.).
2) Bürger/innen erkennen Probleme, die in parlamentarischen Gremien nicht oder nur ungenügend artikuliert wurden.
3) Bürger/innen erklären sich solidarisch, stehen füreinander ein; setzen sich für Probleme ein, um direkt und nicht nur über die Parteien Entscheidungen beeinflussen zu können.

## 6.6 Texte erörtern

Texte, in denen eine Problematik aufgezeigt ist, können Grundlage für eine erörternde Auseinandersetzung sein. Sowohl Sachtexte als auch literarische Texte eignen sich als Vorlage.

Folgende Vorgehensweise ist möglich:

- Wesentliche Gedanken der Textvorlage erfassen (Text gründlich lesen, wesentliche Textstellen unterstreichen).
- Aufgabenstellung bei Hausaufgaben und Klassenarbeiten beachten.
- Absicht des Autors/der Autorin richtig wiedergeben und das behandelte Problem genau darstellen.
- Sich mit den Gedankengängen des Autors/der Autorin kritisch auseinander setzen.
- Eigene Gedanken zur angesprochenen Problematik entwickeln.

**Beispiel** für eine Stoffsammlung zu einer Texterörterung:
**Textvorlage:** „Es ist wunderbar und schrecklich zugleich, dass wir heute so viel Freizeit haben; wunderbar, weil wir nun Freizeit haben für jene Anlagen in uns, die im Beruf nicht zur Geltung kommen und doch ihr Recht verlangen, die im Leben wahrhaftig lebenswichtig sind; schrecklich, wenn wir mit der Freizeit nichts Besseres anzufangen wissen, als uns von einer vielseitigen, oberflächlichen und raffinierten Unterhaltungsindustrie passiv abfüttern zu lassen."
(Herbert Groening im Jugendherbergskalender 1979)

**Gedanken der Textvorlage:**

1) viel Freizeit heutzutage
2) Entfaltung von lebenswichtigen Anlagen
3) Gefahren durch die Unterhaltungsindustrie (vielseitig, oberflächlich, raffiniert)

**Absicht des Autors:**
Freizeit wunderbar und schrecklich zugleich, Anregungen zur richtigen Verhaltensweise, Warnung vor Reizüberflutung

**Kritische Auseinandersetzung mit den Gedanken des Autors:**

| *These* | *Antithese* |
|---|---|
| „wunderbar“ | „schrecklich“ |
| Kreativität | Langeweile |
| Hobbypflege | Vereinsamung |
| Verein: Sport u.a. | unreflektierter Fernsehkonsum |
| Freunde | negative Auswirkungen |
| Familie | Übertreibungen, z.B. zu viel Sport |

**Eigener Gedanke:**
Verschiedene Altersgruppen, verschiedene soziale Gruppen erleben Freizeit jeweils anders.

## 7 Formalisierte Texte

Es gibt eine Reihe von Texten, die an ganz bestimmte Formen gebunden sind. Zu diesen äußeren Formen gehört zum Beispiel die Deutsche Industrie-Norm (DIN).
So werden an

- Bewerbungsschreiben,
- Lebensläufe,
- Protokolle

strenge Maßstäbe angelegt, nach denen solche Texte zu gestalten sind.
Allerdings unterliegen auch diese Texte **zeitlichen Veränderungen**, was sich besonders bei den beiden ersten formalisierten Texten zeigt.
Deshalb empfiehlt es sich immer wieder, hier „am Ball zu bleiben", um zum Beispiel bei Bewerbungen den Beweis anzutreten, dass man stets auf der Höhe der Zeit ist und nicht mit inzwischen überholten oder nicht mehr gebräuchlichen formalen oder auch sprachlichen Ausdrucksweisen arbeitet.
Die Arbeitsämter, die Arbeitgeberverbände, die Gewerkschaften, die Krankenkassen, die Banken legen in jedem Jahr **Informationsschriften** auf, an denen man sich hinsichtlich der Abfassung von Bewerbungsschreiben und Lebensläufen orientieren kann.
Einige grundsätzliche Dinge aber bleiben – und diese werden hier nun dargestellt.

**Fehlerquellen:** Häufige Fehler bei formalisierten Texten:

1. Mängel in der äußeren Form – Beachte den teilweise dokumentarischen Charakter!
2. Sprachliche Unsauberkeiten – Bleibe korrekt im Ausdruck, halte dich an die Realität!
3. Emotionale Elemente – Vergiss nie den Zweck der zu schreibenden Texte!

## 7.1 Bewerbungsschreiben

Das Bewerbungsschreiben ist oft der erste Eindruck, den man seinem zukünftigen Arbeitgeber gegenüber erweckt. Hierbei ist es besonders wichtig, dass man an eine korrekte äußere Form und klare inhaltliche Bezüge denkt.

Das Bewerbungsschreiben muss

- höflich und sachlich abgefasst sein;
  es darf in seinem sprachlichen Ausdruck
- weder unterwürfig noch anmaßend,
- weder aufdringlich noch allzu persönlich wirken.

Zur **äußeren Form** gehört

- das DIN-A4-Format (weißes Schreibmaschinenpapier),
- ein angemessener Rand,
- eine übersichtliche Anordnung in Absätzen.

Bewerbungsschreiben werden üblicherweise **nicht mit der Hand** geschrieben, sondern auf der Schreibmaschine bzw. auf dem PC.

Das Bewerbungsschreiben wird in **drei Teile** gegliedert:
**A den Kopf mit Angabe**

- des Absenders,
- des Datums,
- der Anschrift des Empfängers,
- dem Betreff bzw. Bezug und der Anrede;

**B den Hauptteil mit**

- der Bewerbungsformel,
- der persönlichen Qualifikation und
- dem Interesse am Ausbildungsplatz;

**C den Briefschluss mit**

- Grußformel und
- Anlagenaufstellung.

**Beispiel** eines Bewerbungsschreibens:

**Friedrich Mühlecker AG**
- Personalabteilung -
Küferstr. 68
73728 Esslingen/Neckar

Regina Görlitz
Lehenweg 17
70180 Stuttgart
Telefon (07 11) 12 12 12

Stuttgart, 12.10.19..

**Ausbildung zur Kauffrau im Groß- und Außenhandel**

Sehr geehrte Damen und Herren,

über die Berufsberatung Stuttgart habe ich erfahren, dass Sie Auszubildende für den Beruf der Groß- und Außenhandelskauffrau einstellen. Da ich gerade diese Ausbildung anstrebe, sende ich Ihnen meine Bewerbungsunterlagen zu.
Zur Zeit besuche ich das Theodor-Heuss-Gymnasium in Stuttgart. Voraussichtlich im Juli des nächsten Jahres werde ich die Schule mit dem Abitur verlassen. Wie Sie meinen Zeugnissen entnehmen können, erzielte ich in Englisch und Französisch gute Noten. Durch Ferienaufenthalte in Frankreich und Großbritannien hatte ich Gelegenheit, meine Sprachkenntnisse im Ausland zu ergänzen und zu vertiefen. Durch den Kurs an der VHS-Stuttgart verfüge ich außerdem über Grundkenntnisse in der EDV.
Mein besonderes Interesse gilt der Marktforschung und der Auslandswerbung. Bei Ferienjobs konnte ich mir ein erstes Bild von den anfallenden Arbeiten machen.
Eine Ausbildung in einem so großen und bekannten Betrieb wie dem Ihren würde mir besonderen Spaß machen.
Über eine Gelegenheit zu einem persönlichen Gespräch würde ich mich sehr freuen.

Mit freundlichem Gruß

Regina Görlitz

Anlage
- Lebenslauf
- Passfoto
- Kopie der letzten Zeugnisse

## 7.2 Lebenslauf

Ein Lebenslauf ist ein lückenloser und genauer Bericht über den bisherigen Verlauf des Lebens.
Er wird in der sachlichen Sprache des Berichts (↗ S. 46) abgefasst und ist möglichst knapp zu halten.

Er gliedert sich in die **Abschnitte**

- „Herkunft“ (Name und Vorname, Geburtsdatum und -ort, Familienstand, Eltern, Geschwisterzahl),
- „Bildungsgang“ (Schulbesuch und - wenn schon erfolgt - Berufsausbildung bzw. Fortbildung),
- „Berufstätigkeit“ (Daten, Art, Firmen, Aufgaben),
- „besondere Kenntnisse und Interessen“ (auch schulische Lieblingsfächer).

Es gibt **zwei Formen** des Lebenslaufes:
a) den ausführlichen und
b) den tabellarischen,
wobei heute vielfach nur der tabellarische gefordert wird.

Oft heißt es auch, dass der Lebenslauf handschriftlich, also nicht mit der Schreibmaschine oder dem PC geschrieben werden soll.
Bei einem **handschriftlichen Lebenslauf** sollte man auf

- eine saubere Schrift und
- ein klares Schriftbild achten;

die Handschrift lässt oft Rückschlüsse auf charakterliche Züge zu.

Einen Lebenslauf von einer anderen Person handschriftlich schreiben zu lassen, wäre ein Täuschungsversuch. Sich von einer schon erfahrenen Person beim Abfassen des Konzepts helfen zu lassen, ist dagegen ratsam.

**Beispiel** eines tabellarischen Lebenslaufes:

**Lebenslauf**

Regina Görlitz
Lehenweg 17
70180 Stuttgart
Telefon: (07 11) 12 12 12

| | |
|---|---|
| **geboren** | 20.12.19...<br>in Stuttgart |
| **Eltern** | Horst Görlitz, Sozialarbeiter<br>Herta Görlitz, geb. Winter,<br>Industriekauffrau |
| **Geschwister** | 1 Zwillingsbruder |
| **Schulbildung** | 19... - 19...<br>Schubart-Grundschule, Stuttgart<br>19... - 19...<br>Theodor-Heuss-Gymnasium, Stuttgart |
| **Schulabschluss** | Abitur<br>(voraussichtlich Juli 19...) |
| **Lieblingsfächer** | Englisch, Französisch, Geschichte und Gemeinschaftskunde |
| **Besondere Kenntnisse** | Grundkenntnisse EDV |

Stuttgart, 12.10.19..

Regina Görlitz

(Quelle: Ausbildung und Beruf 1996/97, Dresdner Bank AG, Frankfurt am Main)

## 7.3 Verschiedenartige Protokolle

Das Protokoll gehört eigentlich zu den besonderen Formen des Berichts (↗ S. 46).
In ihm werden Vorgänge, Verhandlungen und Ergebnisse dokumentarisch, d.h. auch verbindlich, festgehalten.
In einem Protokoll darf

- nichts hinzugefügt,
- nichts weggelassen,
- nichts mit persönlichen Stellungnahmen ergänzt werden.

Die knappste Form, das **Stichwortprotokoll**, muss mit der größten Genauigkeit abgefasst werden.
Das umfangreichste Protokoll ist das **Wortprotokoll**; es nimmt wortwörtlich alles auf, was z.B. während einer Sitzung oder Verhandlung von den Beteiligten gesagt wird. Wortprotokolle gibt es bei Parlamentsdebatten und Gerichtsverhandlungen.
Auch das **Verlaufsprotokoll** gibt den zu protokollierenden Vorgang schrittweise und in Einzelheiten wieder, muss ihn jedoch nicht wortwörtlich erfassen.
Im **Ergebnisprotokoll** werden nur Beschlüsse, Ergebnisse also, im Wortlaut festgehalten. Diese Darstellungsform ist die gebräuchlichste und wird vor allem nach Besprechungen, Konferenzen, bei Unfällen, in der Schule angefertigt.

Das Protokoll verlangt einen klaren und übersichtlichen **Aufbau**:

- Anlass, Datum und Thema
- Angaben über Beginn und Ende
- Vorsitz und Anwesende
- Tagesordnungspunkte
- Datum und Unterschrift der/des Protokollführenden

**Mündliche Äußerungen** werden – mit Ausnahme des Wortprotokolls – in indirekter Rede (↗ S. 87) wiedergegeben. Das Verlaufsprotokoll wird im Präsens, das Ergebnisprotokoll im Präteritum ausgefertigt.

Beim **Protokollieren** ist darauf zu achten,

- dass man laufend mitschreibt,
- dass Beiträge von Diskussionsteilnehmern so ausformuliert werden, dass deren Meinung klar ersichtlich wird,
- dass bei verschiedenen Beiträgen aller Beteiligten die gemeinsamen bzw. unterschiedlichen Standpunkte zusammengefasst werden.

Persönliche Stellungnahmen des Protokollanten dürfen nicht in das Protokoll eingefügt werden.

**Beispiel** eines Ergebnisprotokolls aus einer Unterrichtsstunde:
Protokoll über die Deutschstunde vom 12.10.19..
Protokollführer/in: Petra Langwasser
Teilnehmer: Schülerinnen und Schüler der Klasse 9
Thema: Sollen Schülerinnen und Schüler regelmäßig Taschengeld bekommen?
Diskussionsleiter: Stefan Hoffmann
Beginn: 9.15 Uhr
Ende: 10.00 Uhr
In der Diskussion zu diesem Thema schälten sich zwei Ansichten heraus.
Eine größere Anzahl plädierte für ein regelmäßiges Taschengeld, da man dadurch lerne, mit Geld umzugehen, zu wirtschaften, zu sparen, einzuteilen. Dies sei eine gute Schulung für später, wenn man einen eigenen Haushalt führe. Außerdem vertraten einige den Standpunkt, dass es vorteilhaft sei, mit Geld selbstständig umgehen zu können, ohne dafür den Eltern Rechenschaft ablegen zu müssen.
Ein kleiner Teil der Diskussionsteilnehmer war der Ansicht, regelmäßiges Taschengeld verleite dazu, auch regelmäßig Geld auszugeben; dies sei oft schon in den ersten Tagen nach Erhalt der Fall. Benötige man dann aus irgendeinem Grund dringend Geld, stünde nichts mehr zur Verfügung.

## 7.4 Facharbeit

Die Facharbeit ist ein Sachbericht von größerem Umfang, der eine sehr gründliche Vorarbeit verlangt. Ohne sorgfältige **Planung**, **Stoffsammlung** und **Gliederung** kann das Thema nicht bewältigt werden. Deshalb ist es zunächst notwendig, zu sammeln, was mit dem gewählten Thema zusammenhängt. Dazu gehören vor allem eigene Beobachtungen und Erfahrungen, die in die Arbeit eingebaut werden müssen.
Man wählt am besten ein Thema, zu dem man durch besonderes **Interesse** einen Zugang gefunden hat. So kann man auch aus eigener Erfahrung berichten und ist nicht nur auf theoretische Grundlagen angewiesen.

Zur Facharbeit gehören **fünf wesentliche Arbeitsschritte**:
1. Die **Vorplanung** mit

- Themenwahl,
- Ausformulierung des Themas,
- Aufstellen eines Arbeitsplanes.

2. Die **Materialbeschaffung** mit Hilfe von

- Zeitungen/Zeitschriften,
- Handbüchern und Lexika,
- Fachliteratur.

3. Die **Materialbearbeitung** mit

- Markieren,
- Exzerpieren, d.h. Zusammenfassen wichtiger Textstellen mit eigenen Worten,
- Notieren,
- Ordnen der vorhandenen Unterlagen,
- schriftlichem Fixieren,
- Auswerten der eigenen Beobachtungen.

4. Das **Gestalten der Arbeit im Konzept**

- mit Gliederung,
- mit Ausarbeitung der gesammelten Unterlagen,

- mit richtigem Zitieren (↗ Hinweise zum Zitieren S. 44, siehe auch die Hinweise zur indirekten Rede S. 87),
- mit Ergänzen der Materialien durch Titelblatt, Vorwort, Inhaltsverzeichnis, Literaturverzeichnis, Abbildungsverzeichnis, Quellennachweis.

5. Die **Reinschrift** mit Berücksichtigung des äußeren Rahmens, das heißt:

- Sauberkeit,
- Anschaulichkeit,
- Optik (äußere Form: Übersichtlichkeit, Schriftbild und -größe, evtl. farbiges Papier usw.).

**Beachte:** Die Facharbeit muss enthalten:

- Titelblatt
- Vorwort
- Inhaltsverzeichnis
- Literaturverzeichnis
- Abbildungsverzeichnis, wenn Abbildungen aufgenommen wurden
  Quellennachweis

## 7.5 Briefe

Briefe sind schriftliche Mitteilungen an einen bestimmten Empfänger, die mit dem Ziel der persönlichen Ansprache verfasst werden.
Auch sie gehören zu den formalisierten Texten, denn auch an sie werden **bestimmte Anforderungen** gestellt.
So gehören in den Brief:

- die Absenderangabe
- das Datum
- die Anschrift des Empfängers
- der Betreff bzw. Bezug (Ihr Schreiben vom 17.05.19..)
- die korrekte Anrede („Sehr geehrte Damen und Herren"; „Sehr geehrter Herr Direktor Schmidt"; „Sehr verehrte Frau Dr. Haberzell" ...)

Nur bei ganz persönlichen Schreiben lässt man die Anschrift und den Betreff bzw. Bezug weg.

Briefe schreibt man in den meisten Fällen mit der Schreibmaschine oder dem PC. Auch im persönlichen Schriftverkehr hat sich diese Schreibtechnik durchgesetzt, wobei es aber eine Frage des persönlichen Stils ist, ob man bei privaten Briefen nicht doch mit der Hand schreibt.

Man unterscheidet bei den Briefen nach

a) **persönlichen Schreiben**, die sach-, absender- oder empfängerbezogen sein können und zu denen Glückwünsche, Einladungen, Entschuldigungen, Danksagungen und private Mitteilungen gehören;
b) **Leserbriefen**, die man an Zeitungen und Zeitschriften richtet und in denen man zu einem Sachverhalt Stellung bezieht, in einer bestimmten Angelegenheit einen Appell formuliert, eine Anfrage an einen bestimmten Adressaten richtet oder eine Antwort auf einen Artikel gibt;
c) **offenen Briefen**, bei denen man zwar an eine bestimmte Person schreibt, den Brief aber gleichzeitig öffentlich macht, in dem man ihn an eine Zeitung, Zeitschrift oder Nachrichtenredaktion weiterleitet mit dem Ziel, diesen Brief einem breiteren Publikum zugänglich zu machen.
d) **formalen/geschäftlichen Briefen**. Diese können Reklamationen beinhalten, sich an Behörden richten, werbenden Charakter (wie z.B. ein Bewerbungsschreiben) haben.

Zu den **formalen Briefen** gehören neben den Geschäftsbriefen auch die Briefe aus dem schulischen Bereich wie Entschuldigungsschreiben, Anträge um Beurlaubung, Mitteilungen der Schulleitung an Schülerinnen und Schüler (z.B. bei Ordnungsmaßnahmen) und an Eltern.
Die **privaten Briefe** sind zumeist erzählenden, berichtenden, beschreibenden, erörternden oder appellierenden Charakters, die **geschäftlichen Briefe** sind informierend, argumentierend, dokumentierend oder werbender Art.

Bei den erzählenden und schildernden Briefen bedient man sich der Ausdrucksweise der Erlebnissprache, bei den berichtenden, beschreibenden und erörternden Briefen der Sachsprache.
Die **Anredepronomen** in den persönlichen Briefen werden mit Ausnahme der Höflichkeitsform (*Sie*, *Ihnen*, *Ihr* etc.) kleingeschrieben.
Da geschäftliche Briefe sich immer der Höflichkeitsform bedienen, schreibt man die Anreden dort immer groß.

Der Brief hat auch eine **literarische Tradition**; deswegen findet man ihn häufig in Lebensbeschreibungen (Biographien) berühmter Persönlichkeiten. Bekannt sind die Briefe Mozarts an seine Mutter und an seine Schwester und auch die Briefe der Widerstandskämpfer aus der Zeit des Nationalsozialismus.

## 7.6 Formulare

Immer wieder wird man irgendwelche Formulare ausfüllen müssen.
Sie dienen dazu,

- bestimmte Vorgänge übersichtlich und vergleichbar zu machen und
- vor allem eine Art der Vereinheitlichung zu ermöglichen.

Das erste Formular, dem der Mensch begegnet, ist die Geburtsurkunde. Aus ihr geht genau hervor, wann man wo geboren wurde, welchen Namen und Vornamen man trägt, wer die Eltern sind und wo sie zum Zeitpunkt der Geburt wohnten, schließlich unter welcher Nummer man im Standesamtsregister des Geburtsortes registriert ist. Unterschrieben ist die Urkunde von einem Standesbeamten/einer Standesbeamtin und man braucht sie später beim Eintritt in die Schule, beim Ausstellen von Ausweispapieren, bei der Eheschließung.
Wichtige Formulare gibt es im Geldverkehr, das heißt bei Geschäften mit Banken und Sparkassen, bei Anträgen verschiedenster Art, bei Ausbildungs- und Arbeitsverträgen.

Formulare sind

- gründlich durchzulesen,
- genau zu beantworten,
- möglichst vollständig auszufüllen, damit weder durch falsche noch durch unvollständige Angaben Schaden entsteht. Besonders sorgfältig muss man Bankbelege ausfüllen, denn hier kann der finanzielle Schaden beträchtlich sein.

# Die Arbeitsschritte

## 8 Von der Stoffsammlung zur Reinschrift

### 8.1 Thema erschließen

Soll ein Thema richtig und sinnvoll behandelt werden, muss man zuerst die Aufgabenstellung genau untersuchen und die wichtigsten Wörter in der **Themenstellung** herausfinden. Diese Wörter nennt man **„Schlüsselwörter“**, weil sie das Thema erschließen.
Das wichtigste Schlüsselwort nennt man **Themenkern**.

**Beispiel:**
**Thema:** Die Gesundheit des heutigen Menschen ist in vielfacher Weise bedroht. Erläutern Sie Ursachen und Folgen!
**Schlüsselwörter:** Gesundheit
in vielfacher Weise
bedroht
**Themenkern:** Gesundheit
**Aufforderung:** Erläutern Sie Ursachen und Folgen!

### 8.2 Stoff sammeln

Um Leitgedanken und Anhaltspunkte für die Beantwortung des Themas zu gewinnen, stellt man **W-Fragen**:

Wer?
Was?
Wo?
Warum?
Wie?
Wozu?
Wodurch?
Welche Folgen?

Die W-Fragen nennt man **Schlüsselfragen**; sie werden in Stichworten oder kleinen Sätzen beantwortet. Dies ergibt die **Stoffsammlung**.

**Beispiel:**

Schlüsselfragen:

| | |
|---|---|
| Wer?<br>Was?<br>Warum? | der heutige Mensch<br>Bedrohung der Gesundheit<br>technische Entwicklung<br>Unfälle im Straßenverkehr<br>chemische Zusätze in der Ernährung<br>Spritzmittel in der Natur<br>Zunahme des Lärms<br>falsche Ernährung<br>Missverhältnis zwischen Arbeit und Erholung<br>Luftverunreinigung<br>Verseuchung des Bodens<br>Verschmutzung der Gewässer |
| Welche Folgen? | Verkehrstote<br>zu hoher Lebensstandard<br>Überbewertung von Konsumgütern<br>Hektik im Alltag<br>Stress im Arbeitsleben<br>Ansteigen der psychosomatischen Krankheiten<br>zu wenig Bewegung |

## 8.3 Stoff ordnen

Nicht bei allen Themen ergibt sich durch die Themenstellung – wie bei dem Beispiel oben – schon eine Ordnung. Bei den meisten Themen erfordern die Fülle der gesammelten Gedanken und die willkürliche Reihenfolge eine Ordnung und Zusammenfassung.
Die einzelnen Gesichtspunkte werden deshalb unter passenden **Oberbegriffen** zusammengefasst.

**Beispiele** für Oberbegriffe:
Entwicklung in der Technik
Lärmbelästigungen
Umweltschäden
Ernährungsprobleme

## 8.4 Stoff gliedern: Einleitung – Hauptteil – Schluss

Bevor man mit der Ausführung des Themas beginnt, bringt man die einzelnen Gesichtspunkte in eine **logische Reihenfolge**. Bei einer Erörterung muss sich ein Gedanke aus dem anderen zu einer **Argumentationskette** (↗ S. 61) entwickeln und der Text muss eine thematische Spannung und Steigerung zeigen.

Als **Einleitung zu einer Erörterung** (↗ S. 62-68) bieten sich folgende Möglichkeiten an:

a) ein persönliches Erlebnis
b) ein aktueller Anlass
c) ein Ereignis aus der Geschichte
d) die Klärung eines Begriffs

Außerdem muss der Sachverhalt, der zu erörtern ist, kurz dargestellt werden.

Als **Schluss** eignet sich:
a) eine kurze Zusammenfassung
b) eine Folgerung oder Anwendung der Ergebnisse auf ein aktuelles Beispiel
c) ein Ausblick

Als **Einleitung zu einem Bericht** (↗ S. 46) bieten sich Antworten auf W-Fragen an: Was ist passiert? Wo? Wann? Wer waren die wichtigsten beteiligten Personen? Mit den entsprechenden Antworten gibt man den Lesern eine erste Orientierung.

In die **Einleitung einer Inhaltsangabe** (↗ S. 35) gehören Angaben zum Titel des Textes, zur Textsorte, zum Autor/zur Autorin, zum Thema des Textes, zu den wichtigsten Personen im Text und, soweit bekannt, zu Zeit und Ort der Handlung.

**Gliederungsbeispiel** für eine Erörterung:
**Thema:** Die Gesundheit des heutigen Menschen ist in vielfacher Weise bedroht. Erläutern Sie Ursachen und Folgen!

A **Einleitung:** Aktueller Anlass (Zeitungsbericht) oder persönliches Erlebnis

**Überleitung:** Welches sind die Ursachen und welche Folgen ergeben sich daraus?

B **Hauptteil:**
1. Ursachen
1.1 Zunahme der Technik
1.2 Zunahme des Straßenverkehrs
1.3 Lärmbelästigungen
1.4 Umweltschäden
1.5 Ernährungsprobleme
2. Folgen
2.1 Zunahme der Gefahren in der Umwelt
2.2 Anstieg der Verkehrstoten
2.3 Hektik im Alltag
2.4 Straße im Berufsleben
2.5 Flucht in Konsumgüter
2.6 Ansteigen der psychosomatischen Krankheiten

C **Schluss:** Ausblick und Vorschau auf die Zukunft

Eine große Hilfe ist es, wenn die Gliederung feststeht, bevor man mit der Reinschrift beginnt.

## 8.5 Konzept und Reinschrift (äußere Form)

Während im Konzept viele Überarbeitungen und Veränderungen möglich sind, sollte die Reinschrift ein sauberes, übersichtliches Bild ergeben. Dabei kommt es vor allem darauf an, dass die **innere Gliederung** durch die **Abschnitte** (äußere Gliederung) verdeutlicht ist.

# Die Zeitformen

Die Zeitformen in einem Text beziehen sich immer auf das Verb, denn nur das Verb als sprachlicher Handlungsträger kennzeichnet auch die Zeitform, in der ein Text steht.

## 9 Die Verwendung der Zeitformen im Aufsatz

### 9.1 Das Präsens

Das Präsens – die Gegenwart – hat im Aufsatz die Aufgabe, etwas zu vergegenwärtigen.
Deshalb werden **Beschreibungen** immer im Präsens geschrieben, damit der Leser/die Leserin z.B. einen Vorgang nachvollziehen kann oder einen Gegenstand vor Augen hat. Im Präsens werden auch **Inhaltsangaben** und **Verlaufsprotokolle** geschrieben.

**Beispiele:** Das Eichhörnchen **baut** sein Nest meistens in Astgabelungen.
Die Kurzgeschichte **handelt** von einem jungen Mann ...
Im Raum **sieht** man neben der Truhe auch einen Wandteppich.

### 9.2 Das Präteritum

Das Präteritum (auch als Imperfekt bezeichnet) ist die 1. Stufe der Vergangenheit.
Es ist die Zeit, in der **Erzähltes** oder **Berichtetes** (Ausnahme: Reportage) steht. Die Zeitform des Präteritums gilt auch für das **Ergebnisprotokoll**.

**Beispiele:** Als ich mit meiner Großmutter auf den Markt **ging**, **trafen** wir dort eine alte Bekannte.
Der Unfall **ereignete** sich gegen 14 Uhr an der großen Kreuzung.
Zum Schluss **stellten** alle fest, dass die Sitzung erfolgreich **war**.

## 9.3 Das Perfekt

Das Perfekt (auch als vollendete Gegenwart bezeichnet) ist die 2. Stufe der Vergangenheit.
Es wird benutzt, wenn ein Geschehen früher angefangen hat, vielleicht auch schon beendet ist, es aber in die Gegenwart hineinwirkt.
Zu seiner Bildung braucht man die Hilfsverben *haben* oder *sein* und das Partizip Perfekt.

**Beispiele:** Ich **habe** vor kurzem deine Mutter **getroffen**.
Im Präteritum würde der Satz so heißen: Vor kurzem traf ich deine Mutter, als sie aus dem Supermarkt kam.
Ich **bin** gerade in der Stadt **gewesen** und **habe** dir etwas **mitgebracht**.

## 9.4 Das Plusquamperfekt

Das Plusquamperfekt (auch Vorvergangenheit) berichtet über etwas Vergangenes, das vor einer auch schon vergangenen Handlung liegt.
Durch das Plusquamperfekt wird immer eine Handlung mit einer anderen in Verbindung gebracht.
Gebildet wird es mit den beiden Hilfsverben *haben* oder *sein* im Präteritum und dem Partizip Perfekt.

**Beispiele:** Da mir die Musikaufnahme gut **gefallen hatte**, kaufte (kaufte: Präteritum) ich mir die entsprechende CD.
Er schlief ein (schlief ein: Präteritum), nachdem er sich **vergewissert hatte**, dass die Haustür abgeschlossen war (war: Präteritum).

## 9.5 Das Futur

Das Futur – die Zukunft – ist die Zeitform, die im Deutschen sehr selten verwendet wird.
Wenn Zeitangaben oder Umstände deutlich gemacht werden, die erst noch geschehen sollen, verwendet man das Präsens.

**Beispiele:** Morgen bekommen wir Besuch.
In den nächsten Ferien fahre ich ans Meer.

Für die Bildung des Futurs braucht man das Hilfsverb *werden*. In Verbindung mit dem Infinitiv des Verbs entsteht dann der sprachliche Ausdruck.

**Beispiel:** Ich **werde** sicher Besuch **bekommen**.

Man unterscheidet **Futur I** und **Futur II**. Während man mit dem Futur I angibt, was in Zukunft geschehen oder sein wird, ist das Futur II die Form der vollendeten zukünftigen Zeit. Zu seiner sprachlichen Bildung benötigt man die Hilfsverben *haben* oder *sein* im Infinitiv sowie eine Personalform von *werden* und das Partizip Perfekt.

**Beispiele:**
Futur I: Wir **werden** morgen Besuch **bekommen**.
In den nächsten Ferien **werde** ich ans Meer **fahren**.
Futur II: Wenn du zu spät kommst, **werden** wir mit dem Essen **angefangen haben**.
Morgen um diese Zeit **werde** ich den Besuch meiner Großtante **überstanden haben**.

## 9.6 Der Konjunktiv in der indirekten Rede

Bei vielen schriftlichen Darstellungsformen wird die indirekte Rede gebraucht; sie wird mit Hilfe des Konjunktivs gebildet. Man unterscheidet den **Konjunktiv I** und den **Konjunktiv II**. In der indirekten Rede verwendet man, soweit möglich, den **Konjunktiv I**. Dieser Konjunktiv I wird von der Infinitivform des Verbs abgeleitet.

**Beispiele:**

Hans sagt: „Es ist Zeit zum Schlafengehen."
Indirekte Rede: Hans sagte, es **sei** (Konjunktiv I) Zeit zum Schlafengehen.

Bernhard Shaw: „Die Menschen wissen einfach nicht, was das Wort bedeutet. Sie werfen es ihrem Gegner an den Kopf wie streitsüchtige Vorstädter einander tote Katzen über den Zaun werfen."
Indirekte Rede: Bernhard Shaw sagte einmal, die Menschen **wüssten** (Konjunktiv II) einfach nicht, was das Wort **bedeute** (Konjunktiv I); sie **würfen** (Konjunktiv II) es ihrem Gegner an den Kopf wie streitsüchtige Vorstädter einander tote Katzen über den Zaun **würfen**.

Etwa 90 % aller Personalformen der indirekten Rede stehen in der 3. Person Singular; der Rest steht in der 1. Person Singular. Sehr häufig werden als Personalformen die Formen der Verben *sein*, *haben*, *werden*, *können*, *müssen*, *sollen* und *wollen* gebraucht.

In vielen Fällen kann der Konjunktiv I nicht verwendet werden, weil er mit der Indikativform identisch wäre. Dann muss der Konjunktiv II eingesetzt werden. Der **Konjunktiv II** wird von der Vergangenheitsform abgeleitet. Bei starken Verben tritt dabei häufig ein Umlaut (ä, ö, ü) auf.

**Beispiele:**

Direkte Rede: „Wir werden sicher gewinnen."
Indirekte Rede: Sie sagten, sie **würden** sicher gewinnen.
Direkte Rede: „Die Leute wissen, dass sie heute früher nach Hause gehen können."
Indirekte Rede: Man sagt, die Leute **wüssten**, dass sie heute früher nach Hause gehen **könnten**.

| **Infinitiv** | **Konjunktiv I** | **Konjunktiv II** |
|---|---|---|
| sein | er sei | er wäre |
| haben | er habe | er hätte |
| werden | er werde | er würde |

# Textsorten von A – Z

In der folgenden Aufstellung werden – in alphabetischer Reihenfolge – literarische Textgattungen und verschiedene Arten von Sachtexten gemeinsam aufgeführt.

**Anekdote**
Kleine wahre oder erfundene Geschichten, die man sich von bedeutenden Persönlichkeiten oder interessanten Ereignissen in meist heiterer oder witziger Form erzählt.

**Aphorismus**
Gut formulierter geistreicher Gedanke, der sich besonders stark einprägt und oft bittere Wahrheiten in kurzer Form zum Ausdruck bringt.

**Ballade**
Wesensmerkmal dieser Kunstform (einst als Tanzlied bezeichnet) ist die Vereinigung der drei Grundarten der Poesie: epische Erzählweise, dramatische Gestaltung, lyrische Grundstimmung.

**Bericht**
Sachliche und wahrheitsgemäße Zusammenfügung von Einzelvorgängen zu einem Gesamttext ohne Wiedergabe von persönlichen Gefühlen und Wertungen. (↗ S. 46)

**Beschreibung**
Sachliche und anschauliche Information über einen Gegenstand, Raum, Text, Vorgang oder eine Person, eine Pflanze, ein Tier. (↗ S. 21)

**Bewerbungsschreiben**
Persönliches Schreiben auf einen angebotenen Ausbildungsplatz oder ein Stellenangebot, damit sich der Adressat ein erstes Bild von einem Bewerber/einer Bewerberin machen kann. (↗ S. 70) (Siehe auch Lebenslauf.)

**Brief**
An einen abwesenden Adressaten gerichtete schriftliche Mitteilung, die eine mündliche Aussprache ersetzt. Neben der privaten Funktion wird der Brief auch für geschäftliche oder offizielle Zwecke genutzt. (↗ S. 77)

**Charakterisierung**
Beschreibung eines Menschen mit Herausarbeitung besonderer, einmaliger und typischer Eigenschaften, wobei die Einzelzüge zu einem Ganzen zusammengefügt werden. (↗ S. 32) (Siehe auch Beschreibung.)

**Drama**
Literarische Großform, in der eine in sich abgeschlossene Handlung durch Personen in Rede und Gegenrede und szenischer Aktion dargestellt wird. Wesentliches Kennzeichen ist die Aufführung: Das Drama wendet sich grundsätzlich an Zuschauer.

**Erörterung**
Sachlich-objektive Auseinandersetzung mit Fragen aus dem für junge Menschen erfassbaren Lebensbereich; erörtert werden Sachfragen, Problemfragen und Begriffe. (↗ S. 60)

**Erzählung**
Darstellung eines persönlichen Erlebnisses, das Schritt für Schritt in der richtigen Reihenfolge dargestellt und auf einen Höhepunkt hin entwickelt wird. Wichtige Elemente der Erzählung sind Lebendigkeit und Spannung. (↗ S. 7) (Siehe auch Fantasieerzählung S. 91 und Nacherzählung S. 92.)

**Essay**
Einfalls- und geistreiche Auseinandersetzung mit einer Frage, bei der mögliche Standpunkte von verschiedenen Seiten beleuchtet werden. Es soll zum Nachdenken und zur Suche nach einem Urteil oder der Wahrheit angeregt werden.

**Fabel**
Bezeichnung für das Stoff- und Handlungsgerüst, das einem epischen oder dramatischen Werk zu Grunde liegt und in dem die wichtigsten Motive enthalten sind. Die Fabel ist auch eine Gattungsbezeichnung für eine epische Kurzform in Vers oder Prosa, in der zumeist Tiere menschliche Eigenschaften und Verhaltensweisen verkörpern.

**Facharbeit**
Aufsatz, der im Sachstil der Erörterung geschrieben ist und sich meistens mit einer Sachfrage aus dem Unterricht intensiver befasst. (↗ S. 76)

**Fantasieerzählung**
Die Erlebnisse in der Fantasieerzählung sind frei erfunden; es ist darauf zu achten, dass spannend und anschaulich erzählt wird und der erzählte Stoff nicht unsinnig wirkt. (↗ S. 16)

**Formalisierte Texte**
Schriftliche Darstellungsform, die an ganz bestimmte festgelegte Kriterien gebunden ist. (↗ S. 69)

**Gedicht**
Ursprünglich alles Geschriebene; seit dem 18. Jahrhundert zur Dichtungsgattung der Lyrik gehörend. Kunstvolle Ausdrucksform eines Dichters zur Wiedergabe innerster Beweggründe und Gefühle.

**Inhaltsangabe**
Sachlich korrekte Wiedergabe von Gesehenem, Gehörtem, Gelesenem in seinem wesentlichen Handlungszusammenhang mit eigenen Worten. (↗ S. 35)

**Interview**
Journalistische Aufsatzform mit den Merkmalen des Gesprächs und des Berichts und mit Themen aus allen Bereichen des Lebens. (↗ S. 50)

**Kommentar**
Meinungsbeitrag eines Journalisten, in welchem Entwicklungen auf politischem, sozialem, wirtschaftlichem und kulturellem Gebiet interpretiert und bewertet werden.

**Lebenslauf**
Ausführliche Darstellung der wichtigsten persönlichen Daten eines Menschen mit Hinweisen auf Lebens- und Ausbildungsabschnitte; kann handschriftlich oder maschinengeschrieben, tabellarisch oder ausführlich sein. (↗ S. 72)

**Märchen**
Eine in ihrem Umfang begrenzte unterhaltende Prosaerzählung, deren Inhalt frei erfunden, weder zeitlich noch räumlich festgelegt und von fantastisch-wunderbaren, den Naturgesetzen widersprechenden Gestalten und Begebenheiten geprägt ist.

**Nacherzählung**
Wiedergabe eines literarischen Erzähltextes mit eigenen Worten, wobei man sich an den Inhalt, Aufbau und die Sprache des vorgegebenen Textes halten muss. (↗ S. 17)

**Nachricht**
Objektive Mitteilung eines allgemein interessierenden, aktuellen Sachverhalts in einem bestimmten formalen Aufbau. (↗ S. 51)

**Novelle**
Prosaerzählung, in der ein real vorstellbares Ereignis zu einem zentralen Konflikt führt. Die Handlung ist straff, einsträngig und geschlossen.

**Parabel**
Literarische Form, bei der ein zu einer selbstständigen Erzählung erweiterter Vergleich auf den gemeinten Sachverhalt zu übertragen ist. Parabel wird oft gleichgesetzt mit Gleichnis, enthält jedoch keine direkte Verknüpfung zu dem zu erläuternden Sachverhalt.

**Polizeibericht**
Im Polizeibericht geht es um die sehr nüchterne Darstellung von Vorkommnissen, mit denen die Polizei zu tun hat. Zumeist handelt es sich um Berichte über Einsätze bei Verkehrsunfällen oder die Information über Straftaten. Auch Aufrufe zur Fahndung gibt die Polizei häufig in Form von Berichten über Straftaten heraus. (↗ Berichten S. 46)
Der Polizeibericht dient häufig als Grundlage für Versicherungsleistungen, weil der Wahrheitsgehalt solcher Berichte durch die Polizei mit all ihrer rechtlichen Verbindlichkeit bestätigt wird.
Die Polizei bedient sich amtlicher Vordrucke, aus denen der Sachverhalt deutlich hervorgeht.

So ist zum Beispiel der Bericht über einen Einbruchsdiebstahl wie folgt aufgebaut:

1) Anzeigeerstatter
2) angezeigte Straftat
3) Tag der Anzeigeerstattung
4) Tatort
5) Tatzeit
6) entwendete Gegenstände
7) Wert der entwendeten Gegenstände
8) Sicherungsmaßnahmen des Eigentümers gegen den Diebstahl
9) entstandener Sachschaden während des Diebstahls
10) bearbeitende Dienststelle

**Prosatext**
Sprach- und Textform ohne Reim, Vers und Rhythmus, die in Kurzgeschichten, Novellen und Romanen vorkommt. (↗ S. 38)

**Protokoll**
Sonderform des Berichts, mit der Verlauf und Inhalt von Besprechungen, Diskussionen, Experimenten, Gesprächen, Konferenzen, Verhandlungen und Vorträgen als Dokument, als Gedächtnisstütze oder Information festgehalten werden. Man unterscheidet u.a. das Verlaufsprotokoll (vollständige Aufzeichnung in zeitlich geordneter Reihenfolge) und das Ergebnisprotokoll (Festhalten der Beschlüsse und Ergebnisse einer Diskussion bzw. Veranstaltung). (↗ S. 74)

**Referat**
Mündlicher oder schriftlicher Vortrag über ein bestimmtes Thema. (↗ S. 52) (Siehe auch Erörterung S. 90 und Facharbeit S. 91)

**Reportage**
Besondere Form der Berichterstattung, oft auch Erlebnisbericht genannt. Aufbereitung persönlicher Erfahrungen und Eindrücke und Wiedergabe in interessanter, spannender und wirkungsvoller Form (Sportereignisse, Sensationen). (↗ S. 57)

**Sachtext**
Kurze, verständliche, informative, nicht immer objektive Texte von praktischem Nutzwert wie Bastelanleitungen, Gebrauchsanweisungen, Nachrichten, Wahlpropaganda und Werbetexte. (↗ S. 39)

**Satire**
In allen literarischen Gattungen mögliche Darstellungsform, die durch Übertreibung, Ironie und beißenden Spott Kritik an Personen und Ereignissen übt, sie der Lächerlichkeit preisgibt, Zustände anprangert und mit scharfem Witz geißelt.

**Situationsschilderung**
Bewusste Gestaltung persönlicher Eindrücke, Erlebnisse oder Gefühle, die anschaulich und stimmungsvoll wiedergegeben werden. Das emotionale Erleben tritt in den Vordergrund, die Handlung in den Hintergrund. Die Übergänge zwischen Situationsschilderung und Stimmungsbild sind fließend. (↗ S. 59)

**Stimmungsbild**
Künstlerische Form des Erlebnisstils, bei dem Empfundenes, Gehörtes, Geschautes zu einer geschlossenen Stimmung zusammengefügt werden. Es soll einen einzigen Eindruck wiedergeben und keine sentimentalen oder kitschigen Formulierungen aufweisen. (↗ S. 58)

**Tagebuch**
Täglich oder zumindest in regelmäßigen Abständen niedergeschriebene Aufzeichnungen eines Autors, in denen Lebenserfahrungen, Anmerkungen zu Zeitereignissen und andere Überlegungen aus subjektiver Sicht in monologischer Form aneinander gereiht werden.
Das Tagebuch ist häufig ein Bericht mit erzählenden und beschreibenden Elementen, wobei das Festhalten der Sachinformation eine wichtige Aufgabe erfüllt.
So kann man z.B. Berichte über eine Reise in Tagebuchform festhalten, in dem man sich für jeden Tag die entsprechenden Notizen über das Was, Wo, Wie macht und sie abschließend mit einer persönlichen Betrachtung versieht, um später die Situation, die man erlebt oder erfahren hat, noch einmal nachvollziehen zu können.
Auch in der Literatur spielt das Tagebuch eine besondere Rolle. So hat zum Beispiel Max Frisch seine Tagebuchnotizen später häufig in Prosastücken und Dramen verwendet (Tagebuchnotiz: Der andorranische Jude – Drama: Andorra).

## Stichwortverzeichnis

Begriffe aus dem Inhaltsverzeichnis werden hier nicht noch einmal aufgeführt.